2013年山东省社会科学基金重点项目：

加快鲁西经济发展方式转变的途径与政策研究（编号：13BJJJ05）

2017年山东省社会科学基金重点项目：

农民土地股份合作社的多维培育与机制创新研究（编号：17BJJJ10）

2020年山东省社会科学基金重点项目：

农业供应链融资创新模式研究——以山东为例（编号：20BJJJ04）

山东省小城镇建设研究

——基于地方政府管理的视角

王 波 王景通 著

人民出版社

责任编辑:孟　雪
封面设计:汪　阳
责任校对:张杰利

图书在版编目(CIP)数据

山东省小城镇建设研究:基于地方政府管理的视角/王波,王景通著. —
北京:人民出版社,2024.1
ISBN 978－7－01－026309－0

Ⅰ.①山…　Ⅱ.①王…②王…　Ⅲ.①小城镇-城市建设-研究-山东
Ⅳ.①F299.275.2

中国国家版本馆 CIP 数据核字(2024)第 015531 号

山东省小城镇建设研究
SHANDONGSHENG XIAOCHENGZHEN JIANSHE YANJIU
——基于地方政府管理的视角

王　波　王景通　著

人 民 出 版 社 出版发行
(100706　北京市东城区隆福寺街 99 号)

北京九州迅驰传媒文化有限公司印刷　新华书店经销

2024 年 1 月第 1 版　2024 年 1 月北京第 1 次印刷
开本:710 毫米×1000 毫米 1/16　印张:12
字数:156 千字

ISBN 978－7－01－026309－0　定价:58.00 元

邮购地址　100706　北京市东城区隆福寺街 99 号
人民东方图书销售中心　电话 (010)65250042　65289539

目　　录

导　　论

　　城镇化是影响当前中国经济社会发展的主要问题之一,今日中国经济社会发展主要目标之一就是加快推进城镇化进程。2001 年诺贝尔经济奖获得者约瑟夫·斯蒂格利茨(Joseph Eugene Stiglitz)曾经有一个著名的论断:影响 21 世纪人类进程的有两件大事,一是以美国为首的新技术革命,包括生物基因技术、纳米技术、信息技术;二是中国的城镇化。他认为:21 世纪对于中国有三大挑战,居于首位的就是中国的城镇化,中国的城镇化将是区域经济增长的火车头并产生最重要的经济利益。预计到 2030 年,我国城镇化率将达到 65% 以上,城市人口将达 10 亿人左右。城市数量达到 1000 个左右,小城镇在 1500—2000 个之间。城镇化的快速发展一方面推动了经济的快速增长和人口集中,另一方面也导致了城市住房需求不断增长,住房价格持续上涨,城市拥挤。

　　2021 年中国城镇化率已经达到 64.72%。当前,随着经济发展向高质量发展路径转变,全国城镇化增速将日趋放缓,而小城镇建设靠近农村,贴近农民,将会成为吸引农民进入的重点区域,也是未来我国城镇化增速的重要推动力。从实践来看,当前我国大部分地区的小城镇建设离不开政府的推动发展。长期以来,由于不同地区资源禀赋和经济发展的差异,小城镇建设模式呈现出空间的差异性、层次性。作为小城镇建设的排头兵,浙江省、江苏省、广东省等省份民营经济发展较快,市场开放程度高,已经形成了发达地区的市场型主导模式,并且取得了良好成效。但是,对于那些民营经济发展程度不高、市场开放程度相对不突出的省份,如何尽可能满足小城镇建设的资源配置需求,推动小城镇持续健康发展,已经成为当前一项紧迫而严峻的考验。不容忽视的是,在中国城镇化实践中同样需要面对市场失灵的挑战。市场作为看不见的手,多种因素可能导致市场失灵。例如,小城镇建设需要充裕的社会公共产品与基础设施,而基础设施普遍面临建设周期长、收益率低的制约,甚至有的公共产品不能以盈利为目的。我国实行的是社会主义市场经济体制,仍然要坚持发挥我国社会主义制度的优越性、发挥党和政府的积极作用。市场在资源配置中起决定性作用,并不是起全部作用。政府对小城镇建设的合理宏观指导和推动发展能够弥补市场的消极作用,从而更加高效、合理地调配资源,加强和优化公共服务,推动可持续发展。由于经济体制的起点,经济转型、国际竞争的要求,历史文化的传承以及地方政府的扩张冲动等原因,在推进城镇化过程中,政府的作用居于支配地位。在小城镇的建设发展过程中,政府是城镇规划的制定者,也是小城镇建设制度的供给者,又是小城镇建设的执行者,还是小城镇建设绩效的评定者。

我国小城镇的发展经历了一个曲折的发展过程。20 世纪 80 年代,随着改革开放发展,以乡镇工业带动小城镇发展获得了一次大的发展机遇。与此同时,理论界对小城镇的发展也进行了重要的总结,较为著名的就是费孝通先生 1983 年发表的"小城镇、大问题"的系列文章。其他学者也纷纷就小城镇问题进行总结研究。20 世纪 90 年代以后,随着我国市场经济体制的逐步确立和发展,乡镇企业规模小、占地多、环境污染重,效益相对较低的缺点逐渐显现出来,乡镇企业发展逐步进入低谷时期。而大中城市的集聚经济逐渐显示出其旺盛的生命力。20 世纪 90 年代中期以后,随着市场经济的加快发展,大中城市的发展速度逐步加快,小城镇的发展速度则相对变慢。2000 年以来,我国城镇化发展速度加快,大量农村剩余劳动力进入大中城市打工,大中城市的建成区面积不断向外扩展,常住人口大量增加,但是当时的农民工并没有获得与城镇居民同等的居民待遇,"半城镇化"问题较为突出。

党的十八大以后,我国城镇化发展逐渐改变了以往粗放式发展的道路,开始走"新型城镇化"发展之路,政府花大力气进行扶贫攻坚、推动特色城镇发展。2017 年党的十九大提出了实施"乡村振兴"的重大战略,农村和小城镇成为我国推动城乡协调发展,完成乡村振兴任务的主战场。小城镇的建设和发展对推动我国就近就地城镇化,实现农业转移人口的市民化以及带动乡村振兴、推动城乡融合发展方面都起了重要的作用。2020 年政府工作报告提出,加强新型城镇化建设,大力提升县城公共设施和服务能力,以适应农民日益增长的到县城就业安家需求。随着我国城镇化的发展,小城镇作为我国推进城镇化的重要空间、城乡融合发展的关键纽带,其在经济社会发展中的地位十分重要。党的十九届五中全会提出要"推进以县城为重要载体的城镇化建设"等,揭示了我国今后推进新型城镇化的着力点。农村剩余劳动力转移到大中城市,常常会导致大、中城市人口过度膨胀、交通拥挤等一系列问题产生。通过不断地发展小城镇,优化小城镇的产业结构,引导农村人口向小城镇转移,能够避免异地城镇化带来的买房难、融入当地的文化难等问题,是解决我国大城市过度膨胀,推进大城市资源要素向小城镇和乡村流动,进而带动城乡融合发展的一剂良方。

当前,我国小城镇发展还有许多先天不足之处,小城镇处于中国城镇等级体系的末端,从上到下依次是直辖市、省会城市、地级市、县城、镇,小城镇获得的财政支持较少,优质的项目资源很难到小城镇落地发展,优质的教育、医疗等公共资源一般也集中在大中城市,难以吸引优质人才来安家落户。目前,我国城镇体系发展存在大城市过大化与小城镇过小化并存的发展趋势,大城市的人口、经济规模不断扩大,城市人口数量一再突破城市规划的目标人口数量;另外,广大中小城镇的人口数量、经济规模在整个城镇体系中所占比重越来越小,小城镇的人口不断流出,经济发展往往缺乏有力的产业支撑,对农村的带动也非常乏力。因此,在我国,小城镇的建设发展之路更加艰难,尤其需要政府的政策关注、支持和引导。2021年,我国建制镇数量达19531个,这为城镇化发展提供了巨大的潜力。2022年,党的二十大报告提出,"推进以人为核心的新型城镇化,加快农业转移人口市民化。以城市群、都市圈为依托构建大中小城市协调发展格局,推进以县城为重要载体的城镇化建设"①。小城镇的发展既是城镇体系发展的重要基础和关键环节,又是带动乡村振兴、推动城乡融合发展的重要引导力量。

从山东省小城镇发展来看,改革开放以来,山东省小城镇建设取得了较好成就,走在了全国前列,小城镇成为山东省现代城镇体系的重要组成部分。在小城镇发展过程中,政府和市场的力量都发挥了重要的作用,部分城镇的建设发展属于较为典型的政府主导型小城镇发展模式,政府发挥了重要作用,形成一揽子、制度化、高效率的做法,改变了以往政府主导"短期行为"的输血不足,形成政府主导"长效机制"的造血发展。在政府政策推动下,山东省小城镇建设已经取得了较为显著的成效:涌现出了一大批具有特色的产业发展强镇,例如,兖州区新兖镇、广饶县大王镇、邹城市太平镇等,小城镇经济发展质量不断得到提升;资金项目重点持续向小城镇民生领域倾斜,从整体上看小城镇的基础设施建设和公共服务水平得到了较为显著的提升;把小城镇建设与生态环境保护统一起来,在经济发展和小城镇建设上实现生态化目标,既注重经济总量的扩张,又注重生

---

① 习近平:《高举中国特色社会主义伟大旗帜 为全面建设社会主义现代化国家而团结奋斗——在中国共产党第二十次全国代表大会上的报告》,人民出版社2022年版,第32页。

态环境质量的提高。一批"产业特色鲜明、设施功能完善、生态美丽宜居"的小城镇正在崛起,显著地增强了山东省县域经济社会的综合竞争力,加速推动了农村地区的市场化进程,有效地缓解大城市发展所面临的交通堵塞、人口剧增、环境恶化等问题。小城镇已经成为吸纳农村富余劳动力就地就近就业的重要载体,快速提高了农村地区的人力资本水平,有效地增加了农民收入,提升了农民生活质量,大大地缩小了城乡差距、工农差距、地区差距。

2018 年 3 月,习近平总书记参加十三届全国人大一次会议山东代表团审议时,就实施乡村振兴战略特别是推动产业振兴、人才振兴、文化振兴、生态振兴、组织振兴和乡村振兴健康有序进行作出重要指示,要求山东省充分发挥农业大省优势,打造乡村振兴的齐鲁样板。为了完成习近平总书记的重托,近些年来山东省委省政府立足自身的资源禀赋,因势利导,取长补短,充分发挥政府在小城镇建设中的推动作用,积极探索具有山东省特色的小城镇发展模式,着力推动城镇化的发展,小城镇的综合实力进一步增强,发展成效更加明显。

但不容忽视的是,山东省小城镇建设与广东、江苏、浙江等省份的小城镇的经济发展水平还有一定差距。要想实现小城镇的高质量发展,必须结合小城镇的资源禀赋、区位特点、发展基础等特点,对小城镇发展作出科学准确的规划。本书从地方政府管理的视角,深入分析山东省小城镇建设的主要特点、取得的成效,提出具有针对性、可操作性强的政策建议,以期更好地推动山东省小城镇建设,更是从政府管理视角为全国小城镇建设模式的升级转型提供思路。

全书共分八章,结构安排如下:

第一章是小城镇建设的研究概述。本章首先在前人研究的基础上,对小城镇及政府推动小城镇建设的作用进行了分析,然后对国内外关于小城镇建设的相关理论包括规模经济理论、制度创新理论等进行了重点研究,最后对国内外关于小城镇发展模式、发展战略以及地方政府推动小城镇建设的重点等方面进行了文献总结。

第二章是小城镇建设与土地制度改革。本章分析了农村承包地、宅基地、集体经营性建设用地、征地制度的改革历程及影响,并分析了农地制度改革对小城镇建设发展的作用,包括促进小城镇建设集约用地,提升小城镇建设用地效率等。本章还提出了推进小城镇农村土地制度改革的思路和对策,包括推进宅基地集体所有权、农户资格权和宅基地使用权"三权"分置,积极盘活进城农户的闲置宅基地等措施。

第三章是小城镇建设与投融资机制改革。本章分析了投融资体制机制改革对小城镇建设的作用,例如,有利于明确政府定位,有利于正确处理政府与市场的关系等。同时,本章在分析小城镇面临融资难问题的基础上,提出了创新小城镇建设融资渠道的思路,包括发挥财政资金的杠杆作用;开发政企合作的融资渠道;完善金融服务体系,提升资金供给能力等。最后提出了加大对小城镇建设的投资力度、建立小城镇可持续发展的城镇化资金支持机制的具体措施。

第四章是小城镇建设与城乡融合发展。本章在分析城乡融合理论、城乡系统发展理论的基础上,分析了城乡融合发展的内涵。城乡融合是指城乡自然要素、经济要素、空间要素和人员要素优化组合,是城乡两种空间、业态、生态系统的相互渗透、密切联系、功能互补、利益共享的状态。本章进一步分析了促进小城镇与乡村空间融合、产业融合、公共服务融合、文明文化融合、要素资源畅通流动的对策,为发挥小城镇建设在城乡融合发展中的作用提供了思路。

第五章是山东省小城镇发展的历史、现状及机遇分析。本章主要分析了中央及山东省政府在小城镇发展历史及政策过程中,山东省小城镇发展面临的机遇与挑战,以及山东省小城镇发展的基本现状,包括山东省小城镇发展的空间布局、经济状况、基本建设情况以及特色镇建设情况等。

　　第六章是山东省小城镇建设的主要模式。本章内容主要是在对典型案例调查的基础上从镇域层面分析政府推动小城镇建设的几种主要模式。笔者认为,根据地方政府在小城镇建设过程中的不同作用和动力,可以把山东省小城镇建设分为五种模式:政府推动传统产业转型促进小城镇发展的模式、建立新型园区带动小城镇发展的模式、完善公共基础设施促进生态城镇发展的模式、美丽乡村建设带动小城镇发展的模式、体制机制创新带动小城镇发展的模式。这五种小城镇建设模式过程中政府都发挥了重要的主导作用。

　　第七章是山东省小城镇建设的主要做法及成效。本章主要从宏观层面即省域和市域方面介绍了政府在小城镇发展中的做法及成效:小城镇建设加快了区域产业聚集和人口聚集,涌现出一大批具有特色的产业发展强镇,已经形成经济块状发展的重要支撑点;探索了特色化的小城镇发展道路,打造了一大批具有不同鲜明产业特色、功能各异的小城镇;积极深化农村土地制度、财政制度、投融资制度等体制机制创新,为小城镇持续快速发展提供良好的制度环境;小城镇在保持良好发展势头的同时,基础设施建设和公共服务水平得到了较为显著的提升,整体上实现了小城镇发展由"外延拓展"向"内涵提升"的转变。

　　第八章是推进山东省小城镇发展的思路对策。本章主要介绍了如何多措并举加快小城镇建设:小城镇建设需要重视规划的科学性;依据自身的区域实施差异化的小城镇战略,要结合小城镇的资源禀赋、区位特点、发展基础等特点突出发展的差异性;小城镇建设要充分发挥自身优势,从整个城市群、经济圈的角度来确定自身的功能定位,要依靠自身的资源禀赋和区位特点等基础条件,准确地选择小城镇具有独特优势的支柱产业;要补齐设施服务短板,促进周边大城市的基础设施和公共服务向小城镇延伸,也要注重与周边小城镇基础设施的共建共享,充分发挥小城镇基础设施和公共服务的利用效率。要深化小城镇发展的投融资体制、土地制度、人才集聚机制等方面的体制机制创新。要强化文化生态保护,小城镇建设要以生态、可持续发展为终极目标,统筹协调好人的发展与经济发展、生态环境之间的关系。

第一章　小城镇建设的研究概述

小城镇建设对我国新型城镇化发展和乡村振兴推进都有重要作用。从政府与市场在小城镇建设中的作用来看,我国小城镇建设可以分为政府主导型、市场主导型、政府与市场共同主导型等三种主要模式。在山东省小城镇发展过程中,政府和市场的力量都发挥了重要的作用。由于小城镇经济基础相对薄弱,在城市体系中处于相对弱势地位,获得优质企业项目的机会相对较少,因此,在一定时期,政策扶持激励对小城镇的发展有重要作用。

第一节　小城镇的内涵、特点及地方政府的作用

一、小城镇的内涵及特点

小城镇,顾名思义为较小的城镇。它介于城乡之间,地位特殊。虽然世界上绝大多数国家都有镇的建制,但“镇”的含义却不尽相同,因国而异,而且有些国家“镇”的概念比较模糊。例如,瑞士把人口5000人左右的地区视为小城镇;日本将2万—15万左右人口的地区视为小城镇;加拿大把300—10000人口的地区视为小城镇;澳大利亚的小城镇则多指农村社区。我国对小城镇的理解大体有如下观点:①小城镇包括小城市

（20 万人口以下）、建制镇和乡集镇;②小城镇包括小城市和建制镇;③小城镇只包括建制镇;④小城镇包括县城、县城外建制镇和集镇。上述观点的分歧点主要有:一是是否包括小城市;二是是否包括没有设镇建制的乡集镇。综合来看,无论是从理论研究和政策角度,小城镇概念以不包括小城市为妥;建制镇和集镇之间在规模、辐射和吸引范围、发育水平方面会有一些不同,但并无本质差别,它们之间并不存在一条不可逾越的鸿沟。小城镇不仅仅属于乡集镇范畴,而是城市、农村在城镇化进程相互耦合的过程中产生的。① 不同学科对小城镇的定义不同。从社会学视角来看,小城镇是一个从乡村性社区向现代城市性社区转变的中间体,它已经脱离了乡村社区的本质,但还没有完成城镇化过程;从地理学视角来看,小城镇是城市体系的一部分,是一种城乡空间聚落②;从经济学视角来看,小城镇是乡村地域的经济集聚中心;从管理学的角度而言,建制镇与非建制镇在行政体制、社会管理、财政税收等方面存在着明显的区别,小城镇就是指建制镇③;从城乡规划学视角来看,对小城镇的认识和辨析是以实践需求为导向的、是与时俱进的。依据 1989 年颁布的《城市规划法》,县城（城关镇）和建制镇属于小城市范畴,即"小城镇包括建制镇和乡集镇";依据 2007 年颁布的《城乡规划法》,镇规划与城市规划并列,乡规划与村庄规划并列,即建制镇不再属于城市范畴,而是与城市和乡村并列;依据 2019 年中共中央、国务院印发的《关于建立国土空间规划体系并实施监督的若干意见》,在"五级三类"的空间规划体系中,乡和建制镇共同纳入乡级国土空间规划,县和县级市开展县级国土空间规划。据此可以外推,当前狭义的小城镇只包括建制镇和乡,不再

---

① 宁越敏、项鼎、魏兰:《小城镇人居环境的研究:以上海市郊区三个小城镇为例》,《城市规划》2002 年第 10 期。

② 张立、白郁欣、庞磊:《2000 年以来我国小城镇发展与规划的研究综述与展望》,《城乡规划》2022 年第 1 期。

③ 吴闫:《我国小城镇概念的争鸣与界定》,《小城镇建设》2014 年第 6 期。

包括县城和小城市。

本书对小城镇概念趋向严格的理解,即小城镇仅指建制镇,但这也不妨碍文章中涉及的一般原理可以应用到集镇乃至小城市。本书研究的小城镇建设相关问题,属于经济学范畴的问题,因为本书在借鉴其他学科小城镇概念界定的基础上,主要是从经济学的视角来理解小城镇的概念,即小城镇是指与城市(包括县城)、农村相区别的建制,从功能特征上看,小城镇是属于区域性的经济、文化、政治中心的概念;从经济特征上看,小城镇以非农业生产活动、中小型企业为主;从空间特征上看,小城镇是区域性的人口资源要素聚集中心。

二、地方政府在小城镇建设中的作用

根据不同的视角,小城镇可以分为不同类型,比如,根据小城镇发展的动力机制划分,小城镇可以划分为产业带动型、重大项目带动型、公共服务带动型、大城市辐射带动型等不同类型;根据政府和市场的作用不同可以划分为市场主导型、政府主导型以及政府和市场共同带动三种不同类型。

事实上,小城镇的发展步伐一般是由政府和市场的共同作用来推动的,但是政府和市场对不同小城镇的作用是不同的。有的小城镇发展主要是靠市场的力量来推动,这种类型就叫作市场主导型的小城镇发展,有的小城镇发展主要靠政府的力量进行推动发展,这种类型就叫作政府主导型的小城镇发展。具体而言,政府主导型小城镇建设指的是政府按照一定的政策目标,运用行政职权,依法、合理调配行政资源,在小城镇建设过程中发挥主导作用,通过加大政府财政投入,进行社会管理体制改革、政策性倾斜来达到人口的集中、公共服务基础设施的配套和产业的集中,从而推动小城镇的快速发展。

地方政府在小城镇建设中的作用包括:

一是政府积极进行城镇的管理体制改革,并通过加大投入等多种措施进行干预。在小城镇建设过程中,政府的作用体现在很多方面,比如,对城镇发展进行指导规划,对项目建设的过程、资金等进行控制,对城镇的行业发展进行引导,帮助城镇化建设顺利进行、快速推进、少走弯路。

二是政府提供与完善城镇的基础设施和公共服务。地方政府要不断完善城镇的路、水、电、气等基础设施,随着城镇建成区面积的扩大,要不断对新城区的基础设施进行投入建设,对老旧城区的基础设施进行改造升级,以满足居民群众生产、生活的需要以及对美好生活的向往。政府要提供教育、医疗、社会、公共交通等社会保障的公共服务,不断进行制度创新,促进教育、医疗等体制机制更加合理公平;构建城镇特色文化,发挥社会主义精神文明的引领作用。地方政府在小城镇建设中的作用是由社会发展的特定阶段和具体国情决定的。

三是地方政府引导、推动当地经济社会发展。地方政府通过制定产业规划、经济社会发展规划等引领和推动地方经济发展,通过招商引资、鼓励创业、划定产业园区等间接或直接地推动小城镇的经济建设、城镇建设和社会建设,促使小城镇经济发展、镇区面貌更新和社会进步。政府主导和推动小城镇建设常常具有进度快、效果明显等特点。这是因为政府集中了大量的人力、物力进行建设,加上政府强大的执行力,往往能够推动城镇建设快速推进,很容易在短期内取得成效,实际上也能够快速地完成很多任务。例如,近些年来,在东部沿海地区的部分省份建设的特色小城镇,政府从规划到建设都投入了较多的人力、物力和财力,建设发展速度往往比较快,呈现了跨越式发展的路径,当地居民的生活方式、生活条件也发生了翻天覆地的变化。

第二节　相关的理论基础

一、政府作用与制度创新的相关理论

(一)政府的作用

学术界一般用两个模型归纳政府的作用,即"扶持之手"模型、"看不见的手"模型。

"扶持之手"的政府模型起初是一个规范性模型,描述了一个福利最大化的政府应该做些什么。根据该模型,不受约束的自由市场会导致诸多弊病,包括垄断定价、外部效应、失业、不完善的企业信贷供应以及地区发展的失败等。为了矫正这些市场失灵,人们提出了各种各样的解决方法,从矫正性税收、管制、总需求管理到价格控制、政府所有制和计划等。

"看不见的手"是由古典经济学家亚当·斯密在《国富论》中提出的理论,认为国家经济的发展不应由政府干预,而应由整个社会需求进行选择。这种社会需求被认为是调节市场的"看不见的手"。政府需要执行一些市场赖以运行所必需的基本职能,除了提供一些有限的公共产品之外,政府的干预越少越好。这一模型很少探询真实经济中存在的大量政府干预的原因是什么,也不关注那些能够遏制政府的改革举措。由于忽视了政治过程,与现实的巨大反差也使得该模型对提出政策建议无所助益,因此也不能提出可行的战略以实现自己所倡导的有限政府的最终目标。

在中国,定位政府角色、确立政府职能较为复杂,其主要原因在于中国特定的经济状况和所处的特定环境。一方面,作为一个发展中国家,没有现成的、成熟的发展模式与发展经验可以借鉴,我国市场体系建设、市场主体培育还不够完善,政府有扶持市场发育、促进市场发展的责任和义务。另一方面,自新中国成立以来,中国政府长期推行的是计划体制,改革开放后,我国逐步向市场经济体制转型,现在社会主义市场经济体制虽然已经初步建设完成,但是政府与市场的关系有待进一步规范,市场经济体制还有待进一步完善。处理好政府和市场关系,实际上就是要处理好在资源配置中是市场起决定性作用还是政府起决定性作用这个问题。经济发展就是要提高资源尤其是稀缺资源的配置效率,以尽可能少的资源投入生产尽可能多的产品、获得尽可能大的效益。理论和实践都证明,市场配置资源是最有效率的形式。市场决定资源配置是市场经济的一般规律,市场经济本质上就是市场决定资源配置的经济。健全社会主义市场经济体制必须遵循这条规律,着力解决市场体系不完善、政府干预过多和监管不到位问题。①

(二)制度创新相关理论

经济理论的三大传统支柱是天赋要素、技术和偏好。随着经济研究的深入,人们越来越认识到仅仅这三大支柱对经济现象的解释是不够的。新制度经济学家以强有力的证据向人们表明制度至关重要,制度就是经济理论的第四大支柱。忽视制度和制度变迁是不可能对经济增长和发展作出满意解释的。在大量的统计分析基础上,进行经济增长因素分析的经济学家如丹尼森(Denison)等人的研究逐渐对制度因素的重要性有了越来越清晰的认识。制度对经济发展的作用有三个方面,一是降低交易费用,二是为实现合作创造条件,三是为个人选择提供激励系统。

制度创新理论是制度经济学的重要理论,形成于20世纪70年代,最早提出制度创新理论的代表人物是道格拉斯·诺斯(Douglass C.North),他对制度创新的含义及制度创新的作用等进行了研究。诺斯认为制度创新是指能使创新者获取最大利益的现存制度的变革。由于现有的制度下

---

① 中共中央文献研究室编:《十八大以来重要文献选编》(上),中央文献出版社2014年版,第499页。

人们失去了获利的能力和获利的机会就会出现制度创新。诺斯认为技术创新对经济发展固然有很重要的作用,但是制度却是起决定作用的。诺斯认为,制度创新对促进经济增长起决定作用,对于任何国家而言,发展经济首要的是选择好制度。好的制度会促进技术创新,不好的制度会阻碍技术创新。

在我国目前的转型期,政府在制度的创新中发挥着极其重要的作用。在向市场经济的转变中,政府要做的是为市场活动主体的制度创新提供一个既有严格规范又有一定自由活动空间的制度框架,从而构建一个以政府的制度创新为主导的、市场的制度创新也充满活力的格局。市场化进程的经验证明,在市场机制并不完善的情况下,过早过快地放弃计划调节,容易导致经济混乱,市场运转效率低下。在尊重市场规律的前提下,国家有计划地宏观调控是必要的,没有计划的引导、调控,市场就不能很好地发育。只有随着经济的发展与市场的生长,各种经济关系不断理顺,结构不断合理调整,市场要素全面成长起来,这种直接计划才会逐步减少和退出。但是,当市场机制发育到已经能够对经济起基础性调节作用时,政府就必须从市场能够自发调节的领域退出;市场机制的微观基础既已形成,政府的主导作用就必须更多地运用经济的和市场的手段来实现。所以,行政手段还是市场手段多些,主要是由市场机制发育程度决定的,而不是主观意愿自由选择的结果。

我国农村人口向城镇集中的过程也是我国劳动生产率不断提升的过程。政府通过城镇化发展,在没有技术创新的条件下,通过改革落户制度、就业体制、财政制度及土地制度等推动人口向城镇集中,推动劳动力从农业部门转移到二三产业部门,促进劳动生产效率的提高,推动农村居民和农村转移人口的消费需求升级,从满足基本吃穿用到满足住行学的需要,进而推动经济更加快速发展。

（三）政府主导的城镇化模式

政府主导型宏观调控并不意味着政府直接干预为主，而是在充分重视和依靠市场机制作用的基础上，发挥政府的宏观调控作用。我们需要政府的调控，是基于弥补市场机制的缺陷而提出的。不能因为政府的调控而限制了市场机制优势的发挥。从这样的意义上讲，政府主导型调控仍然主要是通过制定若干政策来间接完成的，不以直接干预为主，也不以行政干预为主。在充分发挥市场机制作用基础上来履行政府的调控职能，从根本上区别于计划经济条件下的政府干预，只有这样，才能在发挥市场机制作用的同时，有效地克服市场机制的弊端。政府主导型调控要在遵循市场经济规律的前提下，在市场经济中，通过政府的管理能力和政策措施以及各种组织方式，引导社会经济的正确方向和最优化地配置资源。政府的主导作用必须更多地运用经济和市场的手段来实现。所以，行政手段还是市场手段多些，主要是由市场机制发育程度决定的，而不是主观意愿自由选择的结果。

政府引导的城镇化模式是随着经济的发展、人口的流动和迁移，政府根据城镇发展的客观状况和规律而进行的宏观调控。在该模式下，政府制定总体规划，对城镇化进程、城镇人口的增长、城镇的地区布局、城镇规模的扩大等方面，实行必要的宏观调控，而不是放任自流、完全由市场调节，以保证城镇建设稳步健康发展。这既可以避免城市人口规模过大、城市过度拥挤等问题，又可以避免或减缓农村要素资源单向流出、交易混乱等问题，并能促进整个国民经济健康有序的发展。

二、集聚经济与规模经济相关理论

（一）经济的集聚与扩散功能

"经济集聚"与"经济扩散"相对。经济扩散与辐射是借用物理学的概念，物理学上的辐射概念是指能量从较高的物体通过一定的媒介向能量较低的物体的传递过程,从而提高较低能量物体的能量。经济扩散与辐射是指经济发达地区和落后地区之间资源要素的相互流动,通过相互流动最终实现经济发达地区带动经济落后地区的快速发展。1909 年,德国经济学家阿尔弗雷德·韦伯(Alfred Weber)在《工业区位论》一书中,最早提出"集聚经济"的概念。他从区位角度阐述了产业集聚现象,把产业集聚分为企业自身发展引起产业集中和大企业发展带动引起的关联企业在空间上聚集产生集聚效应两个阶段,把区位因素分为区域因素和集聚因素。经济增长首先发源于大城市地区或者高梯度地区,随着经济发展和产品生命周期的阶段性更替,一方面,它会对周围地区的人力和资源产生吸引作用;另一方面,由于随着地租等生产成本不断上升,市场规模逐步受到限制、企业竞争逐渐加剧,大城市中心区或高梯度地区会产生扩散效应,推动周边地区发展。

不同区域间的经济发展水平存在一定差距且资源要素能自由流动是区域经济辐射产生的基本前提。小城镇对带动农村地区的发展有重要意义,农村地区向小城镇输送农产品、富余的劳动力等要素资源,小城镇则向农村地区输送工业产品、资本、市场信息、技术、人才、思维习惯、公共服务等要素资源,从而实现小城镇和农村地区资源要素的优化配置,提高经济增长速度,缩小两者之间的经济发展差距。

(二)"增长极"理论

随着经济不断集聚与发展,城镇规模扩大不仅会带来规模经济,还会造就不同的"增长极"地区。"增长极"概念最初由法国经济学家弗朗索瓦·佩鲁(Francois Perroux)于 20 世纪 50 年代提出(郑长德、钟海燕,2007),随后在世界各地广泛流传和发展。佩鲁认为,经济增长在区域内是一个不平衡的、连续的动态过程。经济空间和社会空间不是均质的,而且也不存在它们正趋于均质的迹象,因此,不存在均匀分布的持续增长或发展。佩鲁所谓的增长极一般指某些具有现代大工业特征的领头产业以及在地理上集中的产业极,其增长速度高于工业产值和国民经济产值的平均增长速度。经济增长首先出现在一些增长点上,然后通过不同的渠道对其他地区和经济产生影响。城市增长中心有时不仅仅是一个点,也可能是一条线段,如高铁、公路等交通联系了几个发达的城市,从而形成经济"增长轴"或经济带。经济带往往由单个增长点发展起来,增长点能够产生集聚和辐射作用,促进经济带或城市发展。

美国经济学家赫希曼(A.O.Hischman)等人对增长极的运作机制做了补充。1958年,赫希曼在《经济发展战略》一书中论述了平衡增长战略的不可行性,提出"非均衡增长"理论。认为在经济发展过程中,必然会有一些地区(主要是城市)的增长快于其他地区(农村),通过先增长地区带动后增长地区是经济发展的路径,不平衡增长的目的是实现更高水平的平衡增长,不平衡增长只是手段,平衡增长才是目的。20世纪60年代,弗里德曼(Friedman)提出的中心—边缘理论,拓展了佩鲁的增长极理论,认为经济活动的空间组织通常具有强烈的极化效应与扩散效应。随着中心区经济发展和强化,一方面,极化效应能够使中心区域形成对边缘区的支配态势;另一方面,能量逐步溢出,扩散效应明显。作为区域中心的城市与作为边缘地区的农村通过极化与扩散效应相互作用,带动区域整体发展。

按照增长极理论,我国农村区域辽阔,仅仅依靠少数的大中型城市来拉动农村地区的经济发展是不够的,必须培育大量经济增长极、经济聚集中心即小城镇,以辐射带动整个农村地区的全面振兴。

(三)规模经济理论

规模经济理论典型代表人物有阿尔弗雷德·马歇尔(Alfred Marshall)、爱德华·哈斯丁·张伯伦(E.H.Chamberlin)和琼·罗宾逊(Joan Robinson)等,规模经济理论揭示的是大批量生产的经济性规模。1890年,马歇尔在《经济学原理》一书中提出:"大规模生产的利益在工业上表现得最为清楚。大工厂的利益在于：专门机构的使用与改革、采购与销售、专门技术和经营管理工作的进一步划分。"马歇尔还进一步研究了规模经济报酬的变化规律，即随着生产规模的不断扩大，规模报酬将依次经过规模报酬递增、规模报酬不变和规模报酬递减三个阶段。

空间经济学者克鲁格曼（Paul R.Krugman）从 20 世纪 70 年代起连续发表了三篇经典论文《规模经济、产品差异和贸易的模式》《收益递增、垄断竞争和国际贸易》《规模经济和经济地理》，从而奠定了新贸易理论和新经济地理学理论基础。1999 年克鲁格曼（Krugman）、藤田昌久（Fujita Masahisa）、维纳布尔斯（Anthony J.Venables）三人合著的《空间经济学》终于诞生了，标志着新空间经济学的形成。空间经济学分析城市聚集收益及运输成本，对人口和经济集聚累积因果机制进行了深入研究，在空间经济学理论中，运输成本是一个重要的变量，他们认为如果聚集收益大于运输成本，那么人口迁移和城市聚集才会有动力和可能，如果运输成本变得大于聚集收益，那么人口和经济集聚就不会再发生。城市人口的集聚会带来集聚规模经济，随着农村人口逐步向城镇迁移，经济活动规模在城市不断集中，集聚能够降低成本和增加收益。集聚经济有多种形式，工业部门之间的联系、城镇化集聚、内部集聚经济和地方化经济集聚。集聚经济是城市存在和发展的基本动力。

规模经济带来的成本节约不仅有益于企业，而且有益于整个社会。因为一个地方经济效益的提高并不是以另一个地方经济效益的降低为条件的。经济活动的聚集也会带来房价升高、交通拥堵、环境污染等负面影响。这些负面影响要低于正面影响时才能吸引人口和企业进入城镇，如果负面影响大于正面影响，那么人口和企业将不再进入城镇。

三、城乡融合相关理论

"十四五"及未来一个时期，推进县域范围内小城镇的建设与乡村振兴,是山东省小城镇建设的重要任务内容。小城镇的发展对城乡融合发展有重要意义,了解城乡融合发展的相关理论及小城镇在城乡融合发展中的作用对推动小城镇的健康发展有重要意义。

（一）马克思、恩格斯的城乡融合理论

马克思、恩格斯运用辩证唯物主义和历史唯物主义观的方法分析城乡关系从同一到对立再到融合发展的过程。他们认为,城乡一体化是社会生产力发展到一定阶段的结果,是由城市和乡村从对立走向城乡融合的自然历史过程。马克思、恩格斯认为,在最初的时候,社会上没有城与乡的差别,因此就没有城乡对立,随着社会分工和生产力的发展,城市的功能和地位越来越重要,伴随着城市化发展,城市出现了大型、集中化和机械化等特点,城市快速扩张,并日渐成为社会的统治中心,乡村不断被边缘化,"城市本身表明了人口、生产工具、资本、享乐和需求的集中;而在乡村里所看到的却是完全相反的情况:孤立和分散"①。经过城乡差异化发展阶段后,城乡发展会进入第三个阶段:城乡融合发展阶段。当然,城乡融合发展必须在具备一定的物质条件前提下才可以实现。马克思、恩格斯第一次明确使用"城乡融合"概念是在《共产主义原理》中,"通过消除旧的分工,通过产业教育、变换工种、所有人共同享受大家创造出来的福利,通过城乡的融合,使社会全体成员的才能得到全面发展,——这就是废除私有制的主要结果"②,马克思、恩格斯"城乡融合"思想的提出,表达了城乡关系现实运动的价值指向。

（二）城乡系统发展论

城市偏向和乡村偏向的发展实践证明,偏向一方在短期内可能会获得效率,但是从长期来看,城乡是一个不可分割的整体。20世纪50—70年代,世界主要发达国家如日本、法国等也经历了乡村的衰败以及城乡不

---

① 《马克思恩格斯全集》第3卷,人民出版社1960年版,第57页。
② 《马克思恩格斯文集》第1卷,人民出版社2009年版,第689页。

协调发展的阶段。这一时期,部分学者开始从系统论的思想去认识理解城乡关系。日本学者岸根卓郎(1985)从系统论出发,提出了"城乡融合系统设计"。他认为,孤立、封闭的城市是不存在的,城市与支撑它的乡村是相互统一的整体。他从更为广大的空间范围内关注城乡的发展,试图超越城市和乡村的界限构建一个"自然—空间—人类系统"。他认为"……要充分利用城市和农村这一强大的引力,形成融合,破除二者之间的界限,建设一个能够不断向前发展,总体环境优美的美好定居之地——作为自然—空间—人类系统的'城乡融合社会'"①。道格拉斯(1998)认为乡村的结构变化和发展通过一系列"流"与城市的功能和作用相联系,他分析了以往各种发展理论和规划中普遍把城市和乡村分割的问题,从城乡相互依赖的角度提出了区域网络发展模型,并提出通过"区域网络"和五种"流"(人、生产、商品、资金和信息)促进城乡融合和系统化发展。② 中国部分地理学家、经济学家、社会学家也从不同角度论述了城乡融合的相关理论。吴传钧院士(1991)提出的人地关系地域系统理论,认为人地系统由自然环境、社会、经济等子系统组成,是人类活动与地理环境相互影响、相互联系而形成的复杂、开放巨系统。人地系统理论以促进系统内部各要素的良性循环并促进人地关系地域系统的优化为研究目标。③

(三)城乡统筹、城乡一体化与城乡融合发展

不少学者对城乡之间的关系进行了研究,认为城市与乡村是一个有

---

① 岸根卓郎:《迈向 21 世纪的国土规划:城乡融合系统设计》,高文琛译,科学出版社 1990 年版,第 30—50 页。

② Douglass M,"A Regional Network Strategy for Reciprocal Rural Urban Linkages:An Agenda for Policy Research with Reference to Indonesia",*Third World Planning Review*, Vol. 20,No.1,1998.

③ 吴传钧:《论地理学的研究核心:人地关系地域系统》,《经济地理》1991 年第 11 期。

机体,二者之间既相互支撑,又相互制约。世界上各个国家也是在不断统筹、调整城市与乡村发展之间的关系中推动城乡关系的持续发展。2000年以来,历次党的代表大会关于城乡关系的任务要求表述用了三个不同的概念,分别是在2002年党的十六大提出了"统筹城乡"经济社会发展,2007年党的十七大提出了"城乡经济社会发展一体化",在2017年党的十九大提出了"城乡融合发展"。"城乡统筹"从字面上解释是要把"城"与"乡"统一起来考虑和筹划,改变长期以来"重城轻乡""重工轻农"的态度和做法,通过体制改革和政策调整削弱并逐步清除城乡之间的樊篱,促进城乡互动发展,以实现"城""乡"发展双赢为目的的发展格局。而"城乡一体化"理论的出现是受到马克思、恩格斯关于城乡发展理论的影响以及与改革开放初期苏南地区发展模式有关。党的十七大报告提出,"解决好农业、农村、农民问题,事关全面建设小康社会大局,必须始终作为全党工作的重中之重。要加强农业基础地位,走中国特色农业现代化道路,建立以工促农、以城带乡长效机制,形成城乡经济社会发展一体化新格局"[①]。从字面来看,"城乡一体化"有两层含义,一是从发展路径上看,城与乡都在一个系统内,城乡发展相互依存,相互影响;二是从发展目标上看,不管在城市还是在乡村都能获得均等的公共基础设施、公共服务、相同的生活质量,获得虽然不同类但是等值的生活水平。

党的十九大针对目前城乡发展不平衡、农村发展不充分的问题,对城乡发展一体化战略进行了深化,提出了"建立健全城乡融合发展体制机制和政策体系,加快推进农业农村现代化"的战略路径。城乡融合发展主要强调在新的形势下,城乡人才、资源等要素要从单向流动到双向对流,城乡产业发展要深度融合。如果作为推进路径来看,城乡统筹、城乡

---

① 胡锦涛:《高举中国特色社会主义伟大旗帜 为夺取全面建设小康社会新胜利而奋斗——在中国共产党第十七次全国代表大会上的报告》,人民出版社2007年版,第23页。

一体化和城乡融合发展都是指要推进城市与乡村互相促进、互相支持、共同发展;而从发展内容上来看,这三个战略则体现了中央对协调城乡关系的手段、方法不断深化的过程。城乡统筹更多地强调要重视乡村的作用,要把乡村和城市统筹考虑、统筹发展,是实现城乡一体化的初期阶段;而城乡一体化可以看作协调城乡关系的目标,城乡一体化是一个直到我国实现全面现代化才能完成的目标任务。城乡融合发展是协调城乡关系的高级阶段,所采取的措施更加深入。城乡融合发展的远期目标也是城乡一体化。从我国城乡关系的现实出发,除一些发达地区外,严格来说推进城乡一体化的条件并不是很成熟,而城乡融合发展则是一个更直接、更现实的阶段性目标,因此,扎实地推进城乡相互开放、促进城乡要素双向流动、实现城乡融合发展,更有利于乡村振兴和重塑城乡关系,最终实现城乡一体化。

（四）城乡融合发展的内涵

城乡融合是指城乡自然要素、经济要素、空间要素和人员要素优化组合,是城乡两种空间、业态、生态系统的相互渗透、密切联系、功能互补、利益共享的状态。城乡融合发展主要强调的是将城市和乡村放在平等的地位,全面推动城乡经济、社会、文化、生态、治理各领域的制度并轨,体制统一,加快城乡要素市场一体化,让公共资源在城乡之间均衡配置,生产要素在城乡之间双向流动,生产力在城乡之间合理布局,治理资源在城乡之间科学调配,充分发挥城乡各自的功能,形成工农互促、城乡互补、全面融合、共同繁荣的新型工农城乡关系。城乡融合发展一般应具备以下特征。

1. 城乡空间融合发展

城乡空间融合是指城市与乡村空间互相渗透,城市社区与乡村社区成为互相能够容纳彼此人口、就业及休闲活动等的场所,城乡人口可以在城乡不同社区自由流动和居住,城乡社区建筑特色互相学习和借鉴,城乡居民共享整个社会空间的资源、生态、文化等利益。

23

传统意义上的城市与乡村泾渭分明,城市人住在城市,农村人住在农村。在城镇化大潮下,许多农村人到城市打工并安家落户,随着农村建设面貌逐渐美化、绿化,道路等基础设施条件水平不断提升,部分城市人口尤其是退休人员更愿意到农村居住,在中国东部沿海地区,出现了逆城市化现象。在一些发达国家,乡村并非仅仅是农民居住的社区,例如,目前法国农业人口不足 1%,却有接近 1/4 的人口居住在乡村,退休人员、白领、休闲度假人员等不同人口居住在农村。同时,城市也并非城市人居住的专属地区,农村人口可以到城市就业、安家和落户。城乡人口在城市与乡村空间自由流动、居住,平等地享受城乡空间的公共资源与公共利益。

2. 城乡产业融合发展

城乡产业融合是指发挥好城市与乡村各自的优势,使生产要素能在城乡之间合理流动和配置,城市与乡村产业能够分工合作、优势互补、共生共促。当前,城市经济处于创新驱动、转型发展的关键阶段,面临着产能过剩、市场低迷、贸易萎缩等问题。因此,推进城乡产业融合发展,既是城市拓展市场、推进供给侧结构性改革的需要,也是农村壮大产业、增强经济实力的需要。推进城乡之间第一、二、三产业融合发展要拓展上下游产业链,推动农产品加工、储存、运输、销售等产业的发展。运用现代信息技术、新的经营方法丰富产业发展模式,促进农村第一、二、三产业的深度融合。在乡村产业做大做强的基础上,注重与城市经济的融合发展,既要充分发挥乡村的资源优势,也要拓展城市的产业链条,发展上下游互补产业,提高城市产业与乡村产业的融合度。

3. 城乡要素自由畅通流动

城乡要素能够自由畅通流动是指人才、土地、资金、产业、信息等要素资源能够在城市与乡村之间良性对流、循环,能以市场化方式配置各类要素资源,彰显其真正价值。城市、乡村各有资源禀赋,各具优势。城市在资金实力、生产技术、经营理念等方面比农村更胜一筹,但农村也有着广阔肥沃的土地、良好的生态环境等优势。只有认识并利用好乡村的经济价值、生态价值、社会价值和文化价值等,改革束缚城乡要素资源流动的体制机制,以市场化方式配置乡村的各类要素资源,才能真正实现城乡要素畅通自由流动,释放新的增长动能。

4. 城乡公共资源配置均等化

城乡公共资源配置均等化主要是指农村居民应该享有与城镇居民均等的基础设施与公共服务水平。当然,这种公共资源的均等化并不是完全一样化,还要遵守市场经济规律,例如,在城市人口的密集地区,商贸物流等服务会更加便利,而在人口稀少的农村地区,商贸物流等服务点也会大大减少,对当地居民来说难免会有不便之处。城乡公共资源配置均等化除了包括基础设施建设如公路、供水、供气、环保、电网、物流、信息、广播电视等均等化外,还包括社会保障、教育、卫生发展等公共服务的均等化。在农村要实行兜底线、织密网的社会保障与救助体系,特别是对孤寡老人、留守妇儿的关爱服务体系;以提高教师素质、教学水平为重点,全面提升农村学校的教学质量;缩小城乡医疗卫生差距,建设有病可医、有病能医的卫生体系。

5. 城乡文明融合发展

城乡文明融合发展是指城市文明与乡村文明互相学习、互相渗透、互相补充融合,共同促进、共同发展。实现乡村有效治理是乡村振兴的重要内容,而乡村文明在乡村治理中起着举足轻重的作用,乡村文明程度很大程度上决定着乡村社会的发展繁荣与稳定。加快推进城乡文明交融是实现乡村振兴的必由之路。在经济社会快速发展的过程中,越来越多人在之前的城市中退了下来,选择舒适安逸的乡村生活,一方面是因为大城市带给我们的生活压力,但其实更多的是对于乡村生活的向往。其实很多人的理想生活就是城市高效忙碌的氛围与乡村的自然、休憩相融合。只有城乡文明互补融合,才能过上我们向往的生活。其实,在城乡关系上,我们应该明白,不是城市文明高于乡村文明,也不是乡村文明高于城市文明,而是两者相互依存、功能互补。所以,只有注重城乡文明融合发展,才能实现精神物质双丰收,在城乡间游走,实现理想生活。

第三节　小城镇建设及地方政府作用的研究概述

小城镇建设是城镇体系建设的重要组成部分,我国小城镇发展在国民经济和社会发展中占有重要地位。国内外学者对小城镇的发展都非常重视,国外的学者对基础理论、城镇规划、城镇管理等更加关注,国内的研究主要集中于小城镇的地位、存在问题、发展模式、政策创新等方面。

一、国外相关研究概述

从 18 世纪 50 年代开始,国外学者开始研究小城镇建设问题,历经两个多世纪,国外关于小城镇建设研究的成果非常丰富,主要有以下几种理论:霍华德(Howard)(英国)提出的田园城市理论及他的跟随者恩温(Envy)提出的卫星城理论。

"田园城市"理论。1898 年,霍华德首次提出了"田园城市"的理论,他认为,田园城市是为健康、生活以及产业而设计的城市,它的规模足以提供丰富的社会生活,但不应超过这一程度,城镇周围要有永久性农田,城市的土地归公众所有,商用地、住宅和工业都在中间,发展基本不依附于别的城市。田园城市是一种新型城市形态,一经出现便因其"兼具城市和乡村优点"而令人心向往之。霍华德认为,政府部门或其他相关单位可以采取措施来管控城镇的人流量和占地面积,利用道路把城镇分成若干区域,城市周边城镇的壮大有利于城市自身的经济发展。另外,他认为要在城市周边建设充足面积的绿地。霍华德提出的城镇建设是当今城市建设的雏形。"田园城市"的最终目的就是使得地区发展更协调,缩小城乡之间的差异。迄今,英国、德国、美国、法国、日本等国均在田园城市建设方面进行了有益探索和尝试,上述国家已经建立了不少的田园城市。

"卫星城"理论。卫星城镇的发展与田园城市的发展是一脉相承的。田园城市和卫星城的建设都是新型城市形态,人们认为大城市不能无限发展。在霍华德提出"田园城市"思想之后,越来越多的人关注如何分散大城市的人口和产业发展问题。1924 年,在阿姆斯特丹召开的国际会议上,学者们认为大城市不能无限制地膨胀,提出了治理特大城市问题的七条决议,其中之一就是发展卫星城镇,通过了"建立卫星城市"的决议。卫星城是指在大城市的管辖区范围内或与大城市相距不超过100 公里的范围内建立的与市区在生产、生活等方面有密切联系,人口规模在数万以上的城镇。通俗地说,卫星城是位于大城市周围区域的小城市和城镇。从 20 世纪 30 年代开始,卫星城建设开始进入各国城市建设实践。20 世纪 30 年代,为克服大城市恶性膨胀所造成的种种弊端,英国提出要引导加工工业向乡村地区发展,借以控制大伦敦的过度发展。1946 年英国的《新城市法》规定要在中心城市的周围建立中小城镇。另外,不少人提出大城市周边的卫星城建设要向多职能、多部门方向发展,以克服以往卫星城镇功能单一的问题。20 世纪 50 年代,欧洲许多国家开始进行低密度的卫星城实验,瑞典在 20 世纪 60 年代提出发展小城镇工业的方针,德国政府在卫星城建设上取得了较好成效:联邦德国著名的鲁尔工业区原先是一个工业城镇群,经过转型发展,从煤炭、钢铁、造船等工业产品的生产到物流、微电子、中小服务等行业逐渐发展,再度转型为几十个鲁尔区文化小镇,工业城市小镇已变为现如今浪漫静谧的旅游目的地。

发达国家在建设卫星城和完成城市化进程的同时,一方面,人口不断向卫星城、郊区疏解,城市带内部基本实现了一体化发展;另一方面,随着人口不断向郊区的低密度蔓延,中心城区的人口和产业大量减少,由此引发了中心城区衰落、郊区土地大量消耗,阻碍了城市的协调可持续发展。因此,20 世纪 90 年代以来发达国家高度重视中心城区再开发问题,一些城市中心城区又出现人口回流现象,即在逆城市化之后,出现再城市化现象。

国外学者在对小城镇建设基础理论进行研究的同时也对小城镇的规模、小城镇的建设动因、发展道路和建设效果等问题进行了探讨。在小城镇建设动因的研究方面,国外关于小城镇建设原因的说法很多,主要有三个方面:一是解决大城市的过度扩张问题,如法国 1965 年制定了巴黎区域规划,提出了"保护旧城市,重建村中心,发展新城镇,爱护自然村"的方针,通过在巴黎郊区建设卫星城,使巴黎市郊的城镇建设获得快速发展。① 二是由于城市与乡村,大城市与小城市的土地价格差别巨大,促使部分企业向小城镇方向扩散,人们到城郊建房居住。三是为了应对城市化发展带来的农村破产,大城市快速发展,城乡差别不断扩大,促使加强小城镇建设带动农村地区的发展。

在小城镇怎样才能有吸引力和建设效果的研究方面,学者们大多认为,要采取提供就业机会、建好交通运输体系、住房等措施。托达罗(MichaelP.Todaro,1969)指出,除了上述因素外,小城镇还要有文化服务水平、教育水平、生活服务设施方面的提高。由于各国小城镇建设取得实际效果千差万别,学者们对小城镇建设效果的评价也有很大不同。有的学者认为小城镇的建设作用至关重要,只有小城镇才能成为建设田园城

---

① 孙自铎:《国外小城镇建设和研究情况简介》,《赣江经济》1984 年第 6 期。

市的载体,才能为人们提供良好的生活工作环境;也有的学者认为小城镇虽然对缓解大城市的城市病发挥了重要作用,但是小城镇建设也容易造成土地资源浪费、产业发展困难等问题。

二、国内相关研究概述

(一)关于小城镇地位的研究

对小城镇进行开创研究的是费孝通先生。他早在 20 世纪 80 年代就将着眼点放在城镇化进程和小城镇建设上,认为小城镇有独特的功能。1983 年费孝通发表了《小城镇大问题》的调研报告,引起了国内学者对小城镇问题的关注。费孝通认为,小城镇应当成为农村的服务中心、教育中心和文化中心,小城镇与农村社区的联系是非常紧密的。另外,针对流动人口的模式,费孝通提出了离土不离乡、离乡不背井的人口流动模式。自此以后,对小城镇问题的研究逐渐多了起来。费孝通对小城镇建设的调查研究为以后探讨小城镇问题提供了理论基础。此后,针对小城镇的地位和作用问题,众多专家和学者围绕着中国的城镇化战略对该问题展开了深刻的论述。

主张应该实施大城市发展战略的蔡继明、周炳林(2002)[1]认为,乡镇企业科技含量低,是环境污染的主要来源,且环境污染治理难度大,而大城市企业科技含量高,且规模大、集中度高,环境污染治理更为有效;大城市的土地利用效率要远远高于小城镇,更利于中国经济可持续发展目标的实现;由于环境污染与城市规模存着在"库兹涅茨曲线"的关系,大城市改善环境的潜力更大;因此,促进稠密型大城市发展是具有各种优势的,应该是中国实施城镇化战略的主要方向。同时,刘永亮(2009)[2]基于

---

① 蔡继明、周炳林:《小城镇还是大都市:中国城市化道路的选择》,《上海经济研究》2002 年第 10 期。

② 刘永亮:《中国城市规模经济的动态分析》,《经济学动态》2009 年第 7 期。

分形模型的动态分析对不同规模的城市进行比较,得出结论认为,随着城镇化战略的深入实施,小城镇发展的弊端越来越突出,相比于小城镇,大城市具有更高的经济效益,因此应该大力发展大城市,摒弃限制大城市发展的一些政策措施。

主张应该实施小城镇发展战略的朱选功(2000)[①]指出,小城镇发展不充分已经严重影响了我国城镇体系的协调发展,小城镇建设是我国城镇化战略的必然选择,进而指出小城镇建设能够有效刺激投资需求和促进农村消费需求来推动中国经济可持续发展;小城镇能够作为发展极和增长极辐射带动农村经济发展,有利于发展聚集经济和网络经济以促进企业发展,更有利于农村富余劳动力的转移就业;小城镇能够发挥城乡之间的桥梁和纽带作用,有利于实现城乡资源要素的优化配置,促进城乡融合和一体化发展。

秦待见(2008)[②]认为,镶嵌于广大农村地区的小城镇"上连城市、下连农村",具有承上启下的作用,既能够有效承接大城市的职能,缓解大城市的资源环境压力,也能够辐射带动农村发展,成为区域性的经济文化政治资源要素集聚中心;农村地区有大量剩余劳动力流向大城市,但是由于大城市房价高、生活成本也高,大部分农村外出务工劳动力过着城市、农村的两栖生活,年轻时在大城市打工,年纪较大时就回到农村,他们很难在大城市安家落户,真正地实现农村居民市民化,而小城镇则与农村地缘关系较近,生活成本、房价都不高,农村劳动力更容易融入小城镇,可以在小城镇就近就地转移真正地实现城镇化。孔祥云、王小龙(2013)[③]认为,许多大城市的基础设施和公共服务发展滞后,人口承载能力较为有

---

① 朱选功:《城市化与小城镇建设的利弊分析》,《理论导刊》2000年第4期。
② 秦待见:《走中国特色城镇化道路要充分发挥小城镇的作用》,《中国特色社会主义研究》2008年第3期。
③ 孔祥云、王小龙:《略论我国农村城镇化模式的选择》,《农村经济》2013年第2期。

限,如果盲目扩张只会增加大城市的人口资源压力,而且大城市也难以有效地辐射农村地区,因此发展小城镇应该是中国城镇化道路的现实选择,把小城镇打造成为产业企业集聚、人口资源聚集、产品服务集散和城乡融合发展的核心区域;与大城市相比,小城镇更加贴近农业、农村、农民,能够更加有效率地实现农村资源要素的整合利用,不断地缩小城乡差距,使得农民充分享受中国经济社会发展的成果。彭斌、芦杨(2019)①指出,以小城镇为依托就地就近城镇化是实施乡村振兴战略的重要选择,"离土又离乡"的异地城镇化战略造成了农村优质资源的严重外流,农村地区经济社会结构失序,就地就近城镇化有助于留下农村优质资源,完善农村治理体系,传承农村优秀文化资源,改善农村生产生活环境,增加农民收入,促进整个家庭完成由"农民"到"市民"的身份转变,真正地实现农村地区的产业兴旺、人才振兴,构建现代化的治理体系,打造农村的美丽田园。

随着我国以人为核心的新型城镇化战略的实施,城镇化的重点在于提高城镇化的发展质量,而不是简单提高农民劳动力进入城市的数量,学者们关于城镇化战略的研究重心也随之发生转移。如蔡之兵、张可云(2015)②对大城市与小城镇在收入属性、成本属性、地理属性、环境属性、成长属性和生活属性进行比较分析的基础上认为,大城市和小城镇都有自身独特的优势,也有其自身的劣势,都没有绝对意义上的优势,两者都应该是新型城镇化战略实施的重点。本书参考蔡之兵、张可云的观点,主张新型城镇化战略要同时兼顾大城市和小城镇,积极发扬大城市和小城镇的优点,采取措施弥补相应缺点,当然,本书支持发展壮大小城镇并不

---

① 彭斌、芦杨:《乡村振兴战略下就地城镇化发展路径析论》,《理论导刊》2019 年第 12 期。

② 蔡之兵、张可云:《中国城市规模体系与城市发展战略》,《经济理论与经济管理》2015 年第 8 期。

意味着所有的小城镇都应该均等用力,不分差别地发展壮大,本书的观点是应该重点扶持具有较大发展潜力、能够成为城乡融合重点节点、有效辐射带动农村地区发展的那些小城镇。

(二)关于小城镇发展路径模式的研究

根据不同的视角可以将小城镇发展的路径模式进行分类。费孝通总结了小城镇发展的三大传统模式(费孝通,1999),即以家庭工业、联户企业等为主要载体的私营经济获得很大发展,积累了城镇建设资金为典型特征的温州模式;以临近大中城市的优越区位、集体兴办乡镇企业并使其获得较大发展为典型特征的苏南模式;借助于邻近香港的优势发展外向型经济并推动了小城镇发展的珠江三角洲模式。

按照小城镇发展的驱动力,不同学者将小城镇的发展分为不同模式:仇保兴(2004)认为小城镇发展有十种模式:工业主导型、城郊的卫星城镇、商贸带动型、工矿依托型、交通枢纽型、移民建镇型、区域中心型、旅游服务型、历史文化名城、边界发展型。张鹏、杨青山、王晗(2011)①将小城镇发展模式划分为城市扩展的"变农模式"、城乡互融的"合农模式"、以城带乡的"拉农模式"、村企共建的"新农模式"和城村互联的"带农模式"。

从政府在城镇及城镇化发展中所扮演的角色看,又分为三种类型,即市场主导型、政府和市场结合型、政府主导型。孟祥林(2011)②比较了苏南和京津唐地区两种自下而上和自上而下的城镇化模式的不同特征,认为苏南地区通过自筹资金发展以乡镇企业为主的非农生产经营活动,先是实现了农村人口职业变化,进而通过小城镇的发展实现了农村地域的

---

① 张鹏、杨青山、王晗:《基于城乡统筹的长吉一体化区域小城镇发展分化与模式研究》,《经济地理》2011年第4期。

② 孟祥林:《新型城乡形态下的农村城镇化问题研究》,经济科学出版社2011年版,第120—150页。

城镇化。而北方的京津唐区域的各级行政中心在城市化过程中起了重要作用,一般情况下,大城市的若干产业项目扩散到周围地区,从而使项目接受地的工业化进程加快,城镇化过程加速,表现出大都市扩展带动型的城镇化。

近些年来,全国各地大力发展特色城镇,全国各地出现了不同类型的特色城镇。陈一静(2018)①根据特色小镇的不同特征,将特色小镇发展模式分为产业型发展模式、机制型发展模式、功能型发展模式三种类型,并认为,特色镇建设能顺应我国发展要求,为农村经济社会发展提供新的机遇,有利于加快城乡之间生产要素流动与融合,缩小城乡差距。中国城镇化创新发展的趋势是绿色生态特色小镇、精小特的特色小镇、智能化特色小镇。另外,不同学者还分别总结了不同模式特色镇建设的过程、经验及特征等,如对旅游特色镇、文化特色镇、体育特色镇等的研究。

（三）关于小城镇发展重点的研究

在小城镇的发展重点上,学者大都认为小城镇的发展不能是遍地开花式的发展,应该有重点、有先后地发展。但是哪些小城镇应该优先发展仍存在争论。辜胜阻提出小城镇发展要把长远目标与具体目标相结合,提出我国农村城镇化的具体目标可分解为以下几个方面来完成:第一,在现有的2000多个县城和县城中心镇中选择1000个农村城镇,使其发展成为人口规模20万人的小城市,即通过实施千座小城市工程,鼓励和引导农村城镇集中发展;第二,保证1000个农村县镇平均人口规模达到10万人,成为微型城市;第三,在三大城市群（即长江三角洲城市群、珠江三角洲城市群、环渤海地区城市群）发展一批小城市;第四,在各省会城市周边发展一批郊外城市群;第五,在数万个乡镇中发展一批"农民城"。

---

① 陈一静:《中国城镇化创新发展探究:特色小镇发展模式及机遇》,《天津行政学院学报》2018年第5期。

朱忠明(2010)①认为,支持重点镇发展加快小城镇建设,并不是一哄而上,不讲质量,必须要妥善处理好总体与局部、重点与一般的关系,要把推动小城镇上水平、上规模放到小城镇建设工作的中心位置。浙江省可以选择100—200个左右发展潜力较大、经济实力较强的小城镇作为省重点镇进行扶持,周边的小乡镇可以合并到重点镇,将重点镇建设成为集聚能力较强、功能设施较全、规模布局合理、环境优美的区域性中心,部分有条件的镇要努力发展成为小城市。

王兆君(2011)②考察了我国目前的城镇建设存在的问题,认为小城镇建设存在缺乏长远规划的功能定位,不重视农村自身发展能力的培育;基础设施建设不配套,规划管理不力等问题,针对这些问题,我国小城镇建设要做好规划,因地制宜实施不同的城镇建设模式,培植小城镇的特色产业,多渠道融资支持小城镇建设等。总体来看,在小城镇发展的路径上,学者大都认为要根据小城镇所在区域和自身特色,因地制宜,培植小城镇发展的特色产业,增强小城镇的集聚能力。同时,国家省市政府要对小城镇的发展给予必要的扶持,引导企业向小城镇流动,为小城镇建设融资提供优惠政策,推动小城镇的发展。

段禄峰、魏明(2017)③认为,1978年以来的小城镇均衡发展战略并没有应有的成效,是不成功的,特别是当前一些地区小城镇大拆大建、不切实际的形象工程,没有实现产业发展以真正地吸引人口集聚,已经造成了资源资金的大量浪费,下一步应该有选择地建设小城镇,如大城市周边小城镇、具有独特资源优势的小城镇、交通枢纽小城镇等。廖永伦认为,

---

① 朱忠明:《加快小城镇建设的政策思考》,《学习时报》2010年5月17日。
② 王兆君:《国外小城镇建设经验、教训对我国东部沿海地区村镇建设的启示》,《经济问题探索》2011年第11期。
③ 段禄峰、魏明:《大城市还是小城镇——我国城镇化道路再探讨》,《理论月刊》2017年第12期。

小城镇发展应该结合自身的经济发展条件、资源禀赋、区域定位等基础，发展目标必须与区域经济发展特点、产业发展阶段、区域发展目标相匹配，但是其发展战略也不是一成不变的，要结合时代变迁、科技变迁、新兴产业发展等主客观因素相应地进行调整。陈前虎、司梦祺、潘兵（2019）[①]从全面、动态的视角探讨了小城镇的可持续发展战略，非都市区小城镇和都市区小城镇应该差异化发展，非都市区小城镇要以新型工业促进新型城镇化，将资源生态优势转化为经济优势；都市区小城镇要"以人为核心"实施城镇化战略，与都市同步发展、同频共振，基础设施和公共服务要与都市对接，以高质量、高效率、高层次的生产生活环境吸引优质资源要素集聚。

综上所述，国内外专家学者已经在小城镇研究方向有很多有价值的思想理论观点和对策建议。城镇集聚与扩散理论、增长极理论、规模经济理论等建立了小城镇经济发展的宏观理论架构，为小城镇的发展研究提供了重要的基础理论。但是国外学者的研究也存在不足之处，比如对小城镇建设理论缺乏纵向梳理，即对小城镇发展重点缺乏研究。对此，国内研究者更好地结合了中国国情，对小城镇定位、发展战略以及政府在小城镇建设中的作用等方面进行了系统性的研究。

---

① 陈前虎、司梦祺、潘兵：《浙江省小城镇特色成长的机制、障碍与路径——可持续发展的扩展模型及应用》，《经济地理》2019 年第 11 期。

第二章　小城镇建设与土地制度改革

　　小城镇处于连接城乡的特殊地理位置,有其特殊的作用,在我国城镇化战略中始终处于基础地位。根据 2014 年中共中央、国务院印发的《国家新型城镇化规划(2014—2020 年)》,将小城镇分为三种类型并提出了三种发展策略:一是对于大城市周边的重点镇,未来要逐步发展成为卫星城;二是具有特色资源、区位优势的小城镇,未来要逐步培育成为文化旅游、商贸物流、资源加工、交通枢纽等专业特色镇;三是远离中心城市的小城镇,未来要完善基础设施和公共服务,发展成为服务农村、带动周边的综合性小城镇。根据国家统计局数据,中国 2021 年有 293 个地级市,1301 个县,19531 个镇,在两万多个小城镇中第二种分类的特色小镇有1000 个,第一种分类的大城市周边重点镇也并不占多数,可见第三种类型的小城镇占据主体地位,也就是说当前大部分小城镇的主要功能在于服务当地农民,提升周边农民的生活品质,作为城市和乡村的衔接桥梁。

　　在我国城市群—大中小城市—小城镇的城镇化体系中,首先,小城镇承担着农民就地城镇化的作用,小城镇的发展可以切实提高当地居民的生活水平,让周边农民切实享受城镇化带来的便利;其次,小城镇通过建设完善的公共服务设施,承担着服务农村、带动周边、起到以小城镇为核心的农村地区公共服务中心的生活服务圈作用,早在 1994 年的中央农村工作会议上江泽民同志就曾提过"使小城镇成为区域的中心";再次,推动小城镇建设有利于促进城乡统筹发展,小城镇建设可以与乡村振兴、农业现代化良性互动相互促进、共同发展,2000 年《国土资源部关于加强土地管理促进小城镇健康发展的通知》曾指出"发展小城镇是带动农村经济和社会发展的大战略"。

第一节　农村土地制度改革对小城镇建设的作用

以小城镇为依托的就地城镇化是农民参与城镇化进程的重要方式,2021 年农民工监测调查报告显示在 29251 万农民工中,本地农民工有12079 万人,占比 41.3%,比 2020 年增长 478 万人[①],小城镇相比于大中小城市而言,与农村的连接更加紧密,大部分的小城镇起着"服务农村、带动周边"的作用,农村土地制度改革可以推动城乡融合发展,从而影响小城镇建设。

一、承包地"三权"分置

在实践中,自 20 世纪 80 年代中后期,农村承包地在沿海发达地区和大城市郊区就开始了自发的土地流转。2001 年《中华人民共和国国民经济和社会发展第十个五年计划纲要》提出"在长期稳定土地承包关系的基础上,鼓励有条件的地区积极探索土地经营权流转制度改革",2013 年中央农村工作会议提出"落实集体所有权、稳定农户承包权、放活土地经营权"。在立法上,2002 年《农村土地承包法》中土地承包经营权可以流转,但仍是所有权与使用权两权分离的状态;2018 年《农村土地承包法》修改,正式在立法上提出土地所有权、土地承包经营权和土地经营权"三

---

① 　数据来源于《国家统计局 2021 年农民工监测调查报告》,见 http://www.gov.cn/xinwen/2022−04−29/content_5688043.htm。

权"分置;2021年农业农村部出台《农村土地经营权流转管理办法》来进一步规范土地经营权的流转。根据《农村土地承包法》,农村承包地"三权"分置包括土地所有权、土地承包经营权和土地经营权。农民集体所有的不动产和动产,属于本集体成员集体所有(《民法典》第二百六十一条),农村土地承包采取农村集体经济组织内部的家庭承包方式(《农村土地承包法》第三条),即大部分土地承包经营权人为集体经济组织内部成员,土地经营权可以流转,"承包方承包土地后,享有土地承包经营权,可以自己经营,也可以保留土地承包权,流转其承包地的土地经营权,由他人经营"(《农村土地承包法》第九条),土地承包经营权不可以流转,只能转让或互换。

承包地"三权"分置的改革路径与城镇化浪潮下的农民进城务工、农业兼业化、农业规模化经营的农地流转需求相伴而生,对小城镇建设有其特殊的作用。其一,土地经营权的流转让农民进城打工没有了后顾之忧,促进了剩余劳动力转移,为小城镇建设提供充足劳动力;其二,土地流转之下促进专业化分工,防止耕地抛荒或者低效种植现象,有利于农业规模化经营与粮食安全。粮食安全在城镇发展中具有重要基础支撑作用,相比于农业兼业化现象下,农民每年部分时间务工部分时间务农,容易顾此失彼,甚至有些农户直接抛荒土地;通过流转土地经营权,农民可以获取一定的土地流转收入,并且在彻底没有后顾之忧的同时,可以将种地交给专业的人负责,尤其是在成片流转之下,可以进行土地整理,增加耕地面积,促进种植的专业化,促进规模化经营。

二、宅基地制度改革

2015年全国人民代表大会常务委员会《关于授权国务院在北京市大兴区等三十三个试点县(市、区)行政区域暂时调整实施有关法律规定的决定》提出在试点地区进行农村土地征收、集体经营性建设用地入市、宅基地管理制度改革。2017年到期后再延长一年,2018年国土资源部提出探索宅基地所有权、资格权、使用权"三权"分置,随后也在三块地改革区进行试点。经过四年的改革试点期,2019年《土地管理法》修改将宅基地制度改革的成熟经验上升为法律,包括:一是"人均土地少、不能保障一户拥有一处宅基地的地区"可以采取措施实现"户有所居"(第六十二条);二是"国家允许进城落户的农村村民依法自愿有偿退出宅基地,鼓励农村集体经济组织及其成员盘活利用闲置宅基地和闲置住宅"(第六十二条)。但作为改革第三项内容的"宅基地'三权'分置"因为实践经验尚不成熟,暂未入法,目前仍处于继续探索阶段。从宅基地制度改革的三大内容中我们可以看到,其内在核心是节约、集约利用建设用地、提高土地利用效率,其根本遵循是保障农民权益。

宅基地制度改革主要作用有三:一是促进农村建设用地的集约利用,从而保护耕地;二是缓解部分小城镇用地压力;三是有利于增加农民收入、让农民更好地适应城镇生活。如宅基地"三权"分置下资源变资产,可以为城镇提供休闲与仓储场所,闲置宅基地作为初加工、仓储场所、开展民宿等,可以疏解小城镇一部分用地压力,同时宅基地"三权"分置可增加农民的财产性收入以促进当地经济发展,实现小城镇与美丽乡村共同建设。又如,有偿收回闲置宅基地对经济社会发展有很多有利之处:首先,收回的宅基地可以依法依规转变为集体经营性建设用地进行入市,如此通过利益激励,可以鼓励村集体集约利用农村建设用地,从而有利于保护城镇周边耕地,同时通过入市可以增加集体收入,缓解小城镇用地压力。其次,闲置宅基地有偿退出、一户多宅的退出与有偿使用和国家允许村集体通过整治闲置宅基地,将整治出的土地用于本村农民新增宅基地需求、村庄建设和乡村产业发展的政策,可以提高土地利用效率,进而减少新增建设用地侵占周边耕地。最后,宅基地有偿退出的多种形式如货币补偿、以地换房等,可以在节约建设用地的同时,提升农民的生活水平,如农民选择通过退出宅基地置换获得城市房屋居住地或者商铺可以更好地适应城镇生活。

三、集体经营性建设用地入市

上文所述三块地改革中也有集体经营性建设用地入市试点改革,并经过 2015 年到 2018 年试点期后,于 2019 年修改的《土地管理法》中将集体经营性建设用地入市入法,规定"土地利用总体规划、城乡规划确定为工业、商业等经营性用途,并经依法登记的集体经营性建设用地,土地所有权人可以通过出让、出租等方式交由单位或者个人使用"(第六十三条)。根据国务院三块地改革试点情况的总结报告对本条的解释,"部分试点地区建议,允许在符合规划和用途管制的前提下,新增集体建设用地也可以入市",也就是说在入市范围内,存量与增量集体经营性建设用地在经过依法登记和符合规划、符合用途管制的条件下均可以入市。对于增量集体经营性建设用地主要有两种情况:一是其他用途的集体建设用地转为集体经营性建设用地,"允许村集体在农民自愿前提下,依法把有偿收回的闲置宅基地、废弃的集体公益性建设用地转变为集体经营性建设用地入市"(《中共中央 国务院关于建立健全城乡融合发展体制机制和政策体系的意见》);二是将农用地转为集体经营性建设用地,但此种情况的限制十分严格,需要遵循上级规划、用途管制要求与农转用指标限制等。集体经营性建设用地入市将手续齐全、依法登记、符合规划等作为限制条件是必要的,并且在实践中应遵循存量优先、增量补充的原则。集体经营性建设用地入市方式包括就地入市和异地调整入市。其中就地入市中包括直接入市和整治入市,整治入市主要是针对城镇中的城中村等可以依法合规整治入市,或者是对于集体经营性建设用地布局零散的、或者有偿收回的闲置宅基地、废弃的集体公益性建设用地可以通过整治将建设用地集中到一起,再进行入市。异地入市是指对于远离城区的农村可以通过整理村内零散闲置建设用地为农用地,将节余的建设用地指标在城镇建设区进行入市,异地入市主要是针对城镇近郊区土地由于区位优势入市价格高、入市需求多,但对于偏远农村地区其不仅价格低、并且需求极少这种不平衡现象,推动异地入市有助于更加公平地推进城乡建设用地布局优化、增加农民收入、促进农村集约利用建设用地。另外集体经营性建设用地入市范围限定在工业、商业等经营性用途,目前部分地区开展了集体建设用地用于租赁住房建设试点,但目前大部分地区尚不允许集体建设用地从事房地产业。

集体建设用地与国有建设用地同地同价、同等入市有利于城乡统一的建设用地市场建设。小城镇建设如果需要开发增量建设用地,首先,需要有农转用指标,然后进行征地,再进行出让,但是小城镇的建设指标往往很少。而在符合规划下的集体经营性建设用地入市可以缓解部分小城镇用地难的问题,并且地方政府可以通过收取收益调节金获取一定的收入从而促进小城镇建设。对于开发商而言,集体经营性建设用地入市也降低了开发商的拿地成本,由于集体土地直接入市不需要经过征收环节,这在一定程度上降低了企业的拿地成本。其次,集体经营性建设用地入市之后,建设用地的供给就从"一条腿走路"变为"两条腿走路",既可以倒逼缩小城镇征地范围,又活化了集体经营性建设用地的资产属性,可以提升农民的财产性收入。再次,集体经营性建设用地入市中的异地入市方式通过"去区位化"的入市形式,更加有利于公平、合理地配置城乡建设用地资源,集约利用农村土地。通过异地入市收益可以激励边远地区村集体合理集约利用农村土地,在积极整理闲置农村建设土地转变为耕地保证粮食安全的同时,通过异地入市缓解小城镇用地难的问题。

四、征地制度改革

土地征收自 1998 年《土地管理法》修改之后,国务院、国土资源部等多次下发规范性要求,2015 年的三块地改革也对土地征收进行了试点改革,2018 年国务院三块地改革试点情况的总结报告对于土地征收制度改革的意见包括三方面:一是缩小土地征收范围,二是规范土地征收程序,三是完善对被征地农民的合理、规范、多元保障机制。在 2019 年修改的《土地管理法》中对上述三方面都进行了修改,在缩小征地范围上,其以列举形式制定了公共利益征收目录并付最后兜底条款;在规范土地征收程序上,其将原法律征收程序的批后程序前置,规定了申请土地征收的"六步走":土地现状调查—社会稳定风险评估—补偿安置方案公告—听证—补偿登记—补偿安置协议,并规定前期工作完成后方可申请征收;在合理补偿上,其规定了五项补偿费用包括土地补偿费、安置补助费、地上附着物和青苗补偿费、农村村民住宅补偿费、社会保障费,多种方式保障"被征地农民原有生活水平不降低、长远生计有保障"。

土地征收制度改革界定了公共利益目录,让土地征收行为更加规范,目录之内可以征收,非公共利益不可征收,有利于规范小城镇政府征地行为,促进政府公共服务供地,从而遏制随意征地下小城镇无序发展、"摊大饼"式发展。另外规范土地征收程序重点保障农民利益,可以减少小城镇建设中的征地冲突现象,促进小城镇健康发展。

第二节　促进小城镇建设集约用地

当前中国的城镇化进程中土地城镇化快于人口城镇化是显著特点,早在 2000 年国务院针对一些小城镇建设布局分散、土地利用粗放等问题发布了《关于促进小城镇健康发展的若干意见》。小城镇作为连接城市和乡村的桥梁,在小城镇建设中应避免小城镇重走城市建设"摊大饼"式发展的老路,促进小城镇发展中集约利用建设用地,同时也应结合小城镇特点注重建设中的生态宜居与绿色低碳,避免小城镇建设用地无序扩张侵占周边耕地,也要避免建设中人口大量减少现象的发生。

一、城镇低效用地再开发

当前城镇存量建设用地利用粗放,存在十分严重的低效利用现象,增量扩张的土地利用方式不可持续,有悖于严守 18 亿亩耕地红线的要求,并已难以为继。在此情况下,各地纷纷将"增量开发"转为"存量挖潜",如广东的"三旧"(旧城镇、旧厂房、旧村居)改造,深圳的城市更新等,其叫法不一但其本质均旨在通过对城镇低效用地进行再开发挖掘存量建设用地潜力,控制增量、盘活存量土地,防止城市"摊大饼"式发展,提高土地的利用效率,从而促进城镇集约用地。城镇低效用地再开发的目标是"土地集约利用水平明显提高,城镇建设用地有效供给得到增强;城镇用地结构明显优化,产业转型升级逐渐加快,投资消费有效增长;城镇基础设施和公共服务设施明显改善,城镇化质量显著提高,经济社会可持续发展能力不断提升"。城镇低效用地再开发的内容包括整治、改善、重建、活化、提升等。根据"十四五"规划,其对城镇化也提出了存量建设用地优化利用的要求,对于小城镇的要求主要是老旧小区的改造。

城镇低效用地再开发的步骤包括五项:编制规划、项目区域选择、产权征收、土地平整、重建,其中规划是基础,而最困难的步骤是征收。对于一些问题的解决首先需要规划先行,再开发要遵循规划逐步进行,规划是再开发的基础,在后续进行国土空间规划时也要格外注重存量规划;其次是再开发中要让市场起主要作用,当前城镇低效用地再开发成本高于农地"转征供"的逻辑,由此地方政府更加倾向于征收后的直接开发而不愿意对土地进行再开发,对此应充分运用市场机制进行低效用地再开发,除政府外应充分激励产权主体与企业参与到再开发过程中,调动原有土地使用权人与其他市场主体参与到城镇低效用地再开发中的积极性,缓解政府的资金短缺障碍;除此之外,还需要遵循利益共享原则来帮助缓解上述再开发困难,通过政府、村集体、农户、企业多方共享收益,在考虑原有土地所有权(国家或集体)、使用权产权主体的基础上,将其利益与再开发地块挂钩,从而对产权主体形成利益激励,减缓再开发面临的困难。

二、城乡建设用地增减挂钩

城乡建设用地增减挂钩是指"依据土地利用总体规划,将若干拟整理复垦为耕地的农村建设用地地块(即拆旧地块)和拟用于城镇建设的地块(即建新地块)等面积共同组成建新拆旧项目区,通过建新拆旧和土地整理复垦等措施,在保证项目区内各类土地面积平衡的基础上,最终实现增加耕地有效面积,提高耕地质量,节约集约利用建设用地,城乡用地布局更合理的目标"(《城乡建设用地增减挂钩试点管理办法》第二条)。即城乡建设用地增减挂钩将城市建设用地的增加与农村建设用地的减少相"挂钩",城镇建新区面积等于农村拆旧区(农村宅基地、其他建设用地)面积减去安置区(农民集中居住小区)面积,如此可以集约利用农村建设用地,促进城乡建设用地合理布局,增加耕地面积、提高耕地质量,同时对农民的统一安置有利于改善农民居住生活条件,促进新农村建设。

城乡建设用地增减挂钩政策已提出多年,对地方政府有极大的激励作用,主要是因为当前一方面城镇化进程中,大量农村居民进城务工,农村宅基地闲置、一户多宅,集体经营性建设用地利用粗放成为不争的事实;另一方面小城镇建设用地紧缺,上级下发的新增建设用地指标少,也成为限制小城镇发展的一大问题,如此情况之下城乡建设用增减挂钩政策给了地方政府在上级严控的年度新增建设用地指标之外的另一条提供建设用地的途径,对于地方政府极具激励作用。

三、严格执行用地标准

小城镇建设应建立在规划管控的基础之上,严格执行上级制定的用地标准。2019 年 5 月中共中央、国务院发布《关于建立国土空间规划体系并监督实施的若干意见》,该文件对多年来理论与实务界对于多规合一的探索进行总结,以我国多年来规划中存在的问题为出发点,就如何做好国土空间规划、怎么管理国土空间规划,提出了指导性意见。国土空间规划最显著的特征就是多规合一,其解决了原规划体系中规划种类多样导致的各种规划间常常发生冲突、难以落实的问题。国土空间规划除了将多种规划合一外,还将原有多种规划下的多种分区与管制进行了合一,形成了统一的分区管制体系——基于双评价(资源环境承载力评价和国土空间开发适宜性评价)的"三区三线"(城镇开发边界、永久基本农田保护红线、生态保护红线三条控制线和城镇空间、农业空间、生态空间三种空间)下的用途管制。"三区三线"在整个国土空间规划中处于重要的基础地位,是国土空间规划的棋盘,先布棋盘后落棋子。在国际上,早在 20 世纪中期,一些发达国家由于工业和城市化快速发展产生了城市无序蔓延的问题,对此许多国家和地方建立了规划管制措施如城市开发边界等。随着我国城镇化的快速发展,"摊大饼"式发展、以开发定规划等现象带来的城镇集约度不高、城市蔓延现象、发展占用大量土地等问题也相继出现。在原有分区管控体系下,这些问题没有得到很好的解决,而"三区三线"是限制城市蔓延的一个很好的契机。

在三线中的生态保护红线和基本农田保护红线对生态用地和永久基本农田实行了更加严格的保护制度,旨在防止红线区域被侵占、面积缩小,而城镇开发边界线旨在促进城市集约利用、遏制城市无序蔓延。在城市开发边界的管控下预期应形成城市集约利用度提升、城市内部填充式发展、城市蔓延减慢的效果。关于城市开发边界线确定的基本原则,除了要根据资源环境承载能力和国土空间开发适宜性评价结果外,还应遵循《关于在国土空间规划中统筹划定落实三条控制线的指导意见》中提出的集约利用和绿色发展要求。在城市建设中我们除了要追求经济规模、集约开发利用,还应考虑人对生活空间舒适性的体验、考虑人生活中对于绿色空间的需求。在小城镇建设中应严格执行规划的控制指标和上级的新增建设用地指标、耕地指标等,严守城镇开发边界线、永久基本农田保护红线和生态保护红线,严防城镇无序蔓延侵占耕地与绿色生态空间。小城镇位于城乡之间,故小城镇相比于城市往往拥有更多的基本农田、自然保护区、风景名胜区等,这也赋予了小城镇更多的责任,应严防城镇建设用地无序扩张而侵占宝贵的耕地资源与生态资源,故在小城镇建设中应严守三条红线,守住小城镇绿色低碳建设的要求,避免发达国家城市蔓延的弊病。

第三节 建立城乡统一的建设用地市场

2008 年党的十七届三中全会提出"逐步建立城乡统一的建设用地市场,对依法取得的农村集体经营性建设用地,必须通过统一有形的土地市场、以公开规范的方式转让土地使用权,在符合规划的前提下与国有土地享有平等权益"。2013 年党的十八届三中全会通过的《中共中央关于全面深化改革若干重大问题的决定》首次确立农村集体经营性建设用地与国有土地"同等入市、同权同价"。小城镇处于服务农村的重要战略地位,促进城乡协调发展,建立城乡统一的建设用地市场可以缓解小城镇建设用地紧缺的问题,减少农村建设用地粗放利用的情况,增加集体收入。建立城乡统一的建设用地市场需要有三要素"同权""同价""同监管",其中"同权"是基础,"同价'是结果,"同监管"是保障。

一、城乡建设用地"同权"

我国土地交易本质上是土地使用权的交易,产权在交易中处于十分重要的地位,集体建设用地使用权交易与国有建设用地使用权交易在什么方面"同权"如何"同权",是建立城乡统一建设用地市场的基础。

在主体资格上,集体和国有建设用地使用权均可以交由单位或者个人使用,也就是说凡中华人民共和国的自然人、法人等民事主体可成为集体和国有建设用地使用权的权利主体。在权利性质上,集体建设用地使用权与国有建设用地使用权相同,都应为用益物权中的"建设用地使用权",统一接受《民法典》物权编调整,同时集体与国有建设用地使用权物权变动方式统一,二者在使用权的设立、变更、转让、消灭等环节适用相同的规则。在权利转移方式上,国有建设用地可以以出让、出租等有偿方式也可以采取无偿方式转移给土地使用权人,因为国有建设用地具有公益性特征,而集体建设用地使用权转移主要是基于利益诉求,《土地管理法》规定集体经营性建设用地"土地所有权人可以通过出让、出租等方式交由单位或者个人使用"。在权能广度上,《土地管理法》规定"通过出让等方式取得的集体经营性建设用地使用权可以转让、互换、出资、赠与或者抵押",也就是说集体与国有建设用地使用权人具有相同的处分权能。在使用期限上,集体与国有建设用地使用权适用相同规则,《土地管理法》规定"集体经营性建设用地的出租,集体建设用地使用权的出让及其最高年限、转让、互换、出资、赠与、抵押等,参照同类用途的国有建设用地执行"。

二、城乡建设用地"同价"

集体经营性建设用地与国有建设用地流转在"同权"基础上如何进一步形成"同价",主要需从以下五方面发力。一是集体建设用地与国有建设用地流转都遵循同样的价格形成机制——市场化原则,让市场在资源配置中起决定性作用,政府对集体建设用地入市的价格形成机制不实施有别于国有土地的特殊管制。二是实行统一的交易平台。根据浙江德清的经验可以依托县公共资源交易中心平台在其中增加集体经营性建设用地使用权交易项目,由此搭建城乡统一建设用地交易平台。三是实行统一的交易规则。也就是说集体与国有建设用地在一级市场均应通过招标、拍卖、挂牌或协议的公开交易形式进行,同时在二级市场土地使用权人可以依法转让和处分土地使用权。四是实行统一的价格评估体系。编制城乡统一的建设用地基准地价和租金体系,并对城乡建设用地适用同样的价格评估方法。五是就地入市与异地入市相结合,兼顾区位公平。区位是影响土地价格的重要因素,应允许偏远农村地区通过集体经营性建设用地异地入市方式,获取改革红利。

三、城乡建设用地"同监管"

建立城乡统一的建设用地市场还需要"同监管",集体建设用地入市主体是村集体,为了保证同权同价的实现,监管措施是必不可少的。一是集体建设用地与国有建设用地流转都应符合规划要求。应严格按照国土空间规划要求的用途、容积率等进行流转、建设。二是集体建设用地与国有建设用地流转都应遵循用途管制,严格限制农用地转为建设用地,严格保护耕地、严守18亿亩耕地红线。三是集体经营性建设用地与国有建设用地流转均应严格遵循法律要求。《土地管理法》对集体经营性建设用地入市的条件要求是"土地利用总体规划、城乡规划确定为工业、商业等经营性用途,并经依法登记的集体经营性建设用地",即符合规划、依法登记(产权明晰、手续齐全)、工业与商业用途等。四是建立集体土地的收益分配制度,在集体经营性建设用地入市后,收益如何在农民、集体、政府间合理分配成为了十分重要的问题,其中政府可以收取部分土地增值收益调节金,但土地流转中的大部分收益应由农民获得。

第四节　推进城镇化进程中的土地管理
制度改革

一、农村承包地制度改革

小城镇作为连接城市和农村的重要一环,作为当地农民就地城镇化的主要地区,小城镇相比于城市往往拥有更多的农用地,在小城镇建设中农村土地制度改革亦起着举足轻重的作用。"十四五"规划中也对城镇化进程中的农村土地制度改革提出了"保障进城落户农民农村土地承包权、宅基地使用权、集体收益分配权,建立农村产权流转市场体系,健全农户'三权'市场化退出机制和配套政策"的要求。

城镇化进程下农村承包地制度改革主要是针对农民进城后无人种地、土地抛荒、承包地退出等政策需求来进一步改革。对于农村承包地制度改革后续可以从如下五方面进行。一是继续推进农村承包地确权登记颁证工作,土地权属明晰、土地确权是一切后续工作的基础,应进一步推进土地承包经营权的确权登记颁证工作,同时对于土地经营权流转应签订规范的流转合同,流转期限在五年以上的,可以进行土地经营权登记。二是继续推进承包地"三权"分置改革,鼓励进城务工农民将承包地以出租(转包)、入股等方式流转土地经营权给新型经营主体,促进土地专业化、规模化经营,充分盘活撂荒、低效种植的承包地。在"三权"分置土地经营权流转下鼓励各地建立土地经营权流转市场,通过流转整合平台促进农村土地流转,同时鼓励新型经营主体通过土地经营权进行融资担保,缓解种地中的资金短缺问题。三是鼓励进城落户农民依法自愿、有偿退出闲置承包地(并由集体收回)或在集体经济组织内转让土地承包权。

49

对于进城农民的承包地退出应充分尊重农民选择,以农户自愿为前提。四是承包地产权稳定是生产投入的基础,中央表示保持承包关系稳定并长久不变,二轮承包期后再延长30年,即二轮承包地在2028年到期后,再延长至2058年,这对于稳定生产,促进新型经营主体的农业投入具有重要作用。五是"增人不增地,减人不减地"的落实。中央早在1993年就提出了"增人不增地,减人不减地"①这一要求(《中共中央、国务院关于当前农业和农村经济发展的若干政策措施》),但在实践中,为了公平分配承包地,很多地方都实行调整承包地的方式,但随着进城落户农民日渐增多,承包地已经不再承担农户基本生活保障的功能,此时对于中央"增人不增地,减人不减地"的要求便可以逐步落实,进一步稳定承包关系。

二、农村宅基地制度改革

宅基地制度改革主要是针对城镇化进程下的需求与问题进行的改革。需求即农民对于宅基地资源变资产的需求、宅基地闲置流转需求和进城落户农民的宅基地有偿退出需求;问题即当前宅基地的一户多宅、面积超标等违法违规的现实问题。

今后对于宅基地制度改革主要从如下六方面推进。一是推进农民宅基地使用权确权登记,产权明晰是一切经济活动的基础。二是推进宅基地集体所有权、农户资格权和宅基地使用权"三权"分置,适度放活宅基地使用权。宅基地"三权"分置的改革滞后于承包地"三权"分置,其尚未入法,仍处于探索阶段,其中宅基地所有权属于集体所有,资格权与使用权实际上是将原"宅基地使用权"功能进行拆解,资格权作为民事权利承载着农民居住保障功能,使用权为典型的用益物权承载着资产功能。在

---

① 中共中央文献研究室编:《新时期经济体制改革重要文献选编(下)》,中央文献出版社1998年版,第987页。

实践中可以适当放宽闲置宅基地的使用权流转,彰显宅基地资产属性,回应当前实务界需求。三是根据实践需要,允许进城落户农民在自愿的情况下可以选择退出宅基地,并获得相应补偿。此处的补偿形式可以采用多种方式,如货币补偿、以地换房的实物补偿等,给予农民充分的选择权,保障农民权益。同时,市场化退出机制应遵循自愿、有偿原则,充分尊重农民选择,不得以退出宅基地承包地作为进城落户的条件。四是积极盘活进城农户的闲置宅基地。可以在上述"三权"分置基础上流转宅基地使用权,抑或鼓励农民通过自主经营、合作经营、委托经营等方式,依法依规利用宅基地发展农家乐、民宿、乡村旅游农产品初加工、电子商务等农村产业。五是促进布局分散与闲置宅基地的集约利用。可以通过两种方式促进宅基地的集约利用:一种是在符合规划、用途管制和尊重农民意愿的前提下,县级政府可以优化村庄用地布局,实行集中居住,有效利用乡村零星分散存量建设用地;另一种是允许村集体在农民自愿前提下,依法把有偿收回的闲置宅基地、废弃的集体公益性建设用地转变为集体经营性建设用地入市,来集约利用闲置宅基地。六是针对农村一户多宅、宅基地面积超标等现实问题,可以通过宅基地有偿退出、一户多宅或面积超标的宅基地有偿使用等制度进行缓解,这在实践中也已有相关试点经验。

三、征地与集体建设用地入市联动改革

在 2019 年《土地管理法》修法中对于征地与集体建设用地入市都进行了修改,但仍有进一步完善的空间。在集体建设用地允许入市之前,用地单位想要使用土地必须使用国有土地,而国有土地除了存量外只能通过征收集体土地一种途径获取,是"一条腿走路"的方式,在集体建设用地允许入市后,用地单位在规划许可的情况下可以"两条腿走路",使用集体经营性建设用地或国有建设用地。征地制度改革与集体经营性建设

用地入市改革是一枚硬币的两面,此进彼退、此消彼长,推动二者的联动改革具有重要意义。集体经营性建设用地入市可以倒逼限缩土地征收的公共利益目录,让土地征收更加规范;同时在集体建设用地允许入市后,征地也应相应地缩小征地范围,对于非公共利益用地交由集体建设用地入市来解决,不可过分侵害农民利益。

对于征地制度,规范的集体土地征收是国家基于公共利益,在正当程序下将集体土地转为国有,并给予被征收人公正补偿。首先,应严格界定公共利益目录,非公共利益领域土地不得动用征收权,在过去使用土地只能使用国有土地之下,凡用地则需通过先征收再出让的路径,但集体建设用地入市后,非公共利益领域即可以采取集体入市的方式;其次,征收需要按照正当程序进行,也就是征收需要符合法定程序,并且国家制定的法定程序应当充分保障被征收人的权益,赋予被征收人充分的知情权、参与权与监督权;最后,对于公正补偿,即应保障被征收人"原有生活水平不降低、长远生计有保障",对于被征收人所失应给予公正合理的补偿。

对于集体经营性建设用地,在上述征地严格规范公共利益征地目录下,对于目录之内采用征收的方式,对于公共利益之外可以采取集体建设用地入市的方式。另外集体建设用地入市应按照"同权、同价、同监管"的管理方式进行。地方经验表明,在符合规划的前提下,集体经营性建设用地直接入市供给企业可以大大降低企业的用地成本,同时农民可以长期享有土地的增值收益,地方政府也可以获得收益调节金和企业税收,是一种多方共赢的方式。

四、国土空间规划改革

规划是各类开发、建设活动的基础,在城镇化建设中应注重规划先行。2019 年《关于建立国土空间规划体系并监督实施的若干意见》构建了五级(国、省、市、县、镇)三类(总体规划、详细规划、相关专项规划)四体系(编制审批体系、技术标准体系、实施监督体系、法规政策法治)的国土空间规划基本框架。

本次国土空间规划改革相比于原有规划体系有几大特点:一是实行多规合一。在我国原规划体系中土地规划、城市规划等多种规划并行,各部门间联系不强,经常出现对同一地方重复规划的问题,并且由于各种规划间规划理念、主要目标不同,对同一地区的重复规划往往各不相同,这造成了规划成本浪费、规划实施困难。国土空间规划将原各种空间规划融合为一,提出了统一的目标、理念和指导思想,解决了原规划体系中规划种类多样导致的各种规划间常常发生冲突、难以落实的问题。二是将资源环境承载能力评价和国土空间开发适宜性评价(双评价)作为必要的规划基础步骤,追求规划的科学性。三是取消了原有各种规划的分区与管制,合一为在双评价基础上划定"三区三线"并进行相应管制。在原有规划体系下,存在着多种规划,在不同规划中又对应不同的分区方式以及管制措施,如土地利用规划上的"三界四区"(城乡建设用地规模边界、扩展边界和禁止建设边界,允许建设区、限制建设区、有条件建设区和禁止建设区),城乡规划上的"三区四线"(适宜建设区、限制建设区和禁止建设区,绿线、蓝线、紫线和黄线)。在不同的规划中,这些分区往往并不相同,经常形成对同一地域进行不同分区,从而遵循不同管控的情形,这在实践中带来了实操困难。"三区三线"通过在多规合一之上实行统一管制,解决了原规划体系在实行中的障碍,注重实操性与科学性。四是更加注重生态的重要性,追求人与自然的和谐共处。从注重经济发展到注重人与自然和谐共生是新时代对于规划提出的新要求,在规划中除了注重开发、经济发展外,还应注重保护,符合可持续发展理念,遵从人与自然的协调性,构建山水林田湖草生命共同体。五是注重规划配套管制措施的作用,注重可操作性、要求切实可行。国土空间规划通过改进规划审批来解决原规划审批周期长的问题,以及通过建立技术标准和信息平台等配套措施来促进国土空间规划的实施。此次国土空间规划改革相比于原有规划体系有了很大进步,但当前我国的国土空间规划仍处于起步探索阶段。

第三章　小城镇建设与投融资机制改革

随着新型城镇数量的不断增加,我国的城镇化建设逐渐进入高质量发展阶段。小城镇的建设和发展是实现我国经济高质量发展的重要一环,其发展水平已成为衡量现阶段我国社会经济发展的一项重要指标。小城镇建设不仅在农村经济发展中发挥着重要作用,对农村基础设施与环境的改善也有重要影响。经过多年的努力,我国小城镇建设取得了可喜的成绩,空间布局水平、文化底蕴与品质得到了有效提升,与产业培育紧密结合,在带动农村第二和第三产业发展、促进农村增收方面发挥了积极作用。对现有的投融资体制进行改革,通过整合各种社会优质资源,构建高效、稳定、可持续的投融资体制,形成以投资主体和融资渠道等为主要内容的多元化格局,将有利于尽快实现小城镇的健康可持续发展。

投融资机制涉及投资和融资两个方面。从投资角度来看,投融资机制主要体现为确定投资主体、选择合理的投资决策制度、实行合理的投资运作方式、处理投资环节中的各种利益关系以及选择合适的投资调控方式等;从融资角度来看,投融资机制则主要体现为资金的来源渠道和获取方式、资金的使用和偿还等方面。因此,投融资机制主要涉及投融资的主体、资金筹措途径与方式以及投资项目的运作管理等方面,其实质是关于资金的融通、运作与监管等相关活动的制度性安排。

第一节 投融资体制改革对小城镇
建设的作用

改革开放以来,我国的小城镇建设取得了长足进步,发展至今已形成了各类独具特色的建设和发展模式,例如,有的小城镇原本具有良好的工业基础,那么则采用与发展镇办工业相结合的模式,通过二者的相互促进,形成良性互动;有的小城镇则是围绕市场进行小城镇建设,主要通过发展各种类型的专业化批发市场以及传统集贸市场,实现了以商兴"市"、以"市"建镇,同时借助市场优势,对基础设施进行完善,逐步发展成为以市场流通为主的小城镇;也有的地方通过把镇区建设与工业园区建设相结合,引导产业向园区集中,扩大了镇区规模,发展和壮大了地方经济;还有的小城镇以特色农业兴镇,通过充分发挥当地特色农业区的优势,培育特色农业,促进了镇域经济的发展;当然,还有的小城镇依赖优美自然生态环境和历史人文景观的优势,走旅游开发的路子,带动了村镇的建设和发展。

虽然目前我国在小城镇建设与发展方面取得了较为突出的成就,形成了一批独具特色、前景良好的小城镇,但不可否认的是,就全国范围来看,还有许多地区的小城镇建设和发展情况存在很大的提升空间。首先,与小城镇总量相比,名镇少且较为分散,尚未成片发展,因而缺少规模效应;其次,小城镇自身规模小,非农产业基础较为薄弱且缺乏有力的产业支撑,就业机会有限,因此对农村劳动力的吸纳能力较弱,产业发展水平和人口集聚程度均较低;再次,许多小城镇的基础设施配套水平不高,相应功能并不完善,因而导致其发展空间较为狭窄、对资源的利用能力较为有限,无法发挥吸引与辐射带动作用。许多在大办乡镇企业时期成长起来的小城镇,随着我国产业结构的调整以及省级和中心城市的极化发展,逐渐表现出明显的发展后劲不足。

　　制约小城镇发展的因素很多,其中建设资金不足以及缺乏运作良好的投融资机制做保障是亟待解决的关键问题之一。本节从分析金融与小城镇建设的关系着手,探讨资金融通对小城镇建设与发展的重要性,并在此基础上解释投融资体制改革的必要性及其在小城镇建设与发展中的积极作用。

一、金融发展与小城镇建设的关系分析

(一)金融发展支持小城镇建设

　　金融是现代社会经济运行的核心,金融的发展对小城镇的建设和发展具有积极的支持作用。整体而言,金融体系的最基本的功能之一就是吸收社会闲散流动资金,通过金融体系将吸收到的流动资金提供给资金的需求者,即发挥金融中介作用。在小城镇建设过程中,金融中介作用主要表现为通过促进农民储蓄有效地转化为流动性投资,实现对金融资源的灵活合理配置,并以此促进农村经济和小城镇的发展。具体来说,金融对小城镇建设与发展的积极支持作用主要表现在以下三个方面。

　　首先,金融支持了小城镇的基础设施和公共服务设施建设。城镇化建设是经济自发的产物,但又并非仅仅依靠市场力量就能够快速实现。基础设施和公共服务设施是小城镇建设的首要环节,也将随着小城镇建设的推进和发展不断完善,这一领域所需要的大量资金投入必然需要金融系统来提供。许多研究表明,城市化进程中,金融发展对基础设施建设的大力发展起到了至关重要的作用。[1]

　　其次,金融发展有效支持了小城镇中的企业的发展。金融资本对于企业的生存和发展而言至关重要,尤其是在资本供给相对匮乏的小城镇

―――――――

　　[1]　钟辉:《金融支持城镇公共基础设施建设研究》,《金融教学与研究》2013年第3期。

地区,中小企业的资金融通渠道较少,便利的金融资本将成为支撑企业顺利运转的血液,为其提供短期周转所需的资金,以及长期固定资产投资和研发投资领域等所需资金。

最后,金融发展有力支持了小城镇发展中的人口规模扩张和素质提高。小城镇的建设和发展不仅意味着人口简单地由农村进入城镇,同时也意味着农村居民生产方式与生活方式的改变,在思想意识、生活习惯以及文化素质方面都将逐步与城市居民接轨。作为城市生产生活的重要组成部分,现代金融服务业也将不仅为人们提供便利的交易环境,加快资金的流转,同时也能提高人们的生活水平,改进人们的生产与生活方式。①

(二)小城镇建设对金融发展具有积极影响

金融发展与小城镇建设二者并非只有单向的支持关系,而是存在明显的关联效应。在小城镇建设之初,由于资金需求缺口大,金融对小城镇的支持作用占据主导地位。事实上,小城镇的建设与发展也将极大反哺金融业,为金融的发展提供了良好的经济基础。一方面,城镇经济具有规模经济的条件和效果,为金融业发展提供了更大的经济利润和发展空间,有利于促使金融业的改革创新,提高金融市场的灵活性和效率,从而进一步发挥金融业在小城镇建设与发展中的支持作用。另一方面,小城镇建设将导致农业移民向非农业移民迁移,城镇人口的增加必然相应增加对金融服务的需求;小城镇中各行各业的发展也必然创造更多的金融业务发展需求;小城镇发展过程中信息更加畅通,也为金融机构和投资者开展各种公平竞争提供了有利条件。②

---

① 王曼怡、李勇:《城镇化发展与金融支持研究——以北京远郊区县城镇化为例》,《人民论坛》2010年第10期。

② 孙煊卿:《构建河南省城镇化投融资体系的研究》,《内蒙古煤炭经济》2020年第11期。

二、投融资体制改革对小城镇建设的作用

小城镇建设与发展需要大量的资金投入,传统模式下小城镇建设中的投融资机制较为单一,政府是主要的资金提供者,但由于乡镇政府的费用极为有限,小城镇建设所需的资金则主要通过预算外收入予以弥补,由此导致土地价格和建设配套费用提高,进一步抬高了农民和投资开发商进入小城镇的"门槛",增加了小城镇建设和发展的成本,从而抑制了农民进城和社会资本参与小城镇建设的积极性。因此,对小城镇建设与发展中原有的传统投融资体制进行改革势在必行,借此激发各参与主体的市场活力,吸引更多资金流向小城镇,使之成为小城镇发展的"新引擎"。具体而言,投融资体制改革对小城镇建设的作用主要表现为明确政府定位、正确处理政府与市场的关系,进而消除阻碍小城镇快速发展的障碍。

（一）有利于明确政府定位

在小城镇建设中,政府往往集多种角色于一身,不仅制定政策和监督政策的执行,还经营具体的投融资业务。可以说,政府完全主导和控制了小城镇的建设,使其成为一种典型的行政性垄断,而小城镇中的建设项目实际上具有自然垄断的性质。但由于政府实际上并不能真正亲自从事各项具体建设工作,而在相关企业试图进入小城镇建设领域时,又会使其面临审批事项过多、审批范围过宽、办事程序复杂、工作效率低下等一系列的难题,这无疑将加大社会资本的交易成本,降低小城镇建设的效率。进行投融资机制改革,明确政府的权力责任,使其更加注重社会事务的公共服务,退出具体经营环节,将有利于集中精力做好小城镇投融资的事前控制和事后监督,也有利于净化小城镇建设的社会和经济环境,降低社会资本进入小城镇建设领域的交易成本,提高小城镇建设的效率。

小城镇建设领域的投融资体制改革,应以构建政府与市场协同发力的小城镇建设投融资多元化格局为方向。多元化格局有利于明确政府定

位,而政府定位是投融资体制改革成功的关键。市场经济环境下,政府如何定位是一个难题,尤其是在小城镇基础设施建设领域,一些基础设施具有公共物品的特性,而且表现出自然垄断性,如此一来增加了政府定位的难度;在具有公共物品性质或混合物品性质的领域中,则需因地制宜、分类实施,不能简单地市场化,既要充分发挥市场机制的作用,还要注重公平。

(二)有利于正确处理政府与市场的关系

投融资体制改革的主要内容之一是投融资主体的多元化,其含义是政府主体与市场主体相伴相生、相互补充、缺一不可。进入"十四五"时期,我国的经济发展已经进入中高速增长和高质量发展阶段,政府和市场的关系也愈加明确,一方面,政府主体是市场主体的有力补充,尤其是在市场失灵的领域;但另一方面,政府主体与市场主体之间又存在博弈关系,而且正是二者之间的博弈关系使得小城镇建设的社会效益与经济效益的动态均衡得以实现。

通过投融资机制改革,深化政府对公共产品和准公共产品的充分认识,使其在处理与市场的关系中明确自身的定位,既有利于实现风险分担和利益共享,也有利于形成适应小城镇建设和发展的产权制度基础和自我激励机制;通过投融资机制改革,实现投融资主体的多元化,有利于打破垄断、引进竞争,同时兼顾了投资者、经营者和消费者的利益。

(三)有利于消除体制性障碍,优化投融资结构

在小城镇建设中,尤其是在基础设施建设领域,项目投资往往较大,而单个资本又相对较小,因此一般的单个资本主体通常无法承担一项庞大的项目,这时就需要将分散的社会资金聚集起来形成大型资本,显然传统模式下的投融资机制无法满足这一需求,必须要进行投融资机制改革。传统模式下小城镇建设的融资渠道局限性很大,不仅渠道窄方式少,而且手续较为复杂,所受限制较多。在经济结构调整的过程中,市场的推动力

量明显增强,市场发展活力和竞争力进一步增强,改革开放的深入使得投融资体制改革的条件逐步完善和成熟。通过进行投融资机制改革,消除小城镇投融资环节的体制性障碍,深化行政审批制度改革、放宽市场准入、改进服务和监管,必将增加对社会资本的吸引力,增加融资渠道,促进融资方式的多样化,有助于解决小城镇建设中的资金难题。

在投融资体制改革中,与投资主体多元化并行的一个内容是融资渠道的多元化。目前政府财政与国有银行信贷融资仍是小城镇资金的主要来源,较为单一的融资模式和狭窄的融资渠道不仅降低了融资效率,也提高了融资成本。我国的市场化改革已经显著拓宽了投融资渠道,无论是商业银行、政策性银行,还是股票市场、债权市场,抑或信托机构等,均可成为小城镇建设的资金来源;除此之外,国内外企业法人和自然人也是项目融资的资金来源之一。通过实施投融资体制改革,吸引更多的社会资金进入小城镇建设领域,形成一个多元化的投融资渠道,将有利于解决小城镇建设的资金需求问题。

但同时需要注意的是,不同的融资渠道和融资方式所对应的融资成本和风险也是不同的,进而对小城镇建设和发展也将产生不同的社会经济效果。投融资体制改革既要拓展投融资渠道,还应体现在不同渠道的结构优化上,在增加资金供给渠道和方式的同时,通过融资结构的最优化有效降低资金成本和金融风险。

总之,资金短缺是山东省小城镇建设中普遍面临的瓶颈制约,尤其是随着信贷和房地产市场调控力度的加大,小城镇建设融资渠道进一步受到限制。在小城镇建设中,通过市场化方式改革投融资机制,充分发挥政府主导作用和社会公共服务功能,积极探索建立政府、企业、社会资本参与的多元投融资机制,增加筹资渠道,丰富筹资方式,能够较好地解决小城镇建设中的资金约束难题,确保新型城镇化建设有资金、可持续、有后劲。

第二节　创新小城镇建设融资渠道

一、小城镇建设面临的融资困难

小城镇建设过程中资金来源非常有限,而且经营主体通常较为模糊,管理方式也较为粗放,这一现象是各地小城镇建设融资环节普遍存在的问题。具体而言,小城镇建设中面临的融资困难主要体现为以下几个方面。

（一）融资渠道较为狭窄,融资数量较少

首先,在传统模式下大部分推进小城镇建设项目的资金主要由乡镇政府承担。事实上,地方财政投入的确是小城镇建设和发展的关键,因为几乎每一个小城镇的建设都需要地方政府先期投入一定的启动资金,尤其是基础设施建设方面。但乡镇财政的分配不均现象较为普遍,分配机制无法满足民生工程建设的需求,乡镇税收大部分需要上缴,而且相关分成比例偏低,导致乡镇政府的财力极为有限,用于支持小城镇建设的资金更是捉襟见肘,即使是地方财政投入了相应资金,对于小城镇建设而言也不过是杯水车薪,不仅给地方财政带来很大的负担导致很多地方政府出现超负荷运转,也因资金不足影响了小城镇的建设质量,导致小城镇的规模小、功能不完善、公共设施和服务水平低,经济和社会效益差。

其次,金融机构对小城镇建设的支持力度较弱。除政府财政资金外,政策性和商业性银行贷款也是小城镇建设的主要资金来源之一,但由于小城镇建设的大多数项目对资金的需求量较大,投资周期与成本回收时间均较长,并且多为公益性项目,项目本身并不产生现金流或者即使产生相应的现金流也会很少,因而小城镇项目的运营通常需要政府提供财政补贴来加以维持。这种情况对于金融机构而言则意味着其贷款风险较大,因为政府难以通过项目运营来保障其还款来源,于是导致金融机构对小城镇建设方面的信贷投入的积极性并不高。[①]

（二）政府融资平台的潜在金融风险逐渐显露

为了推动小城镇建设,在融资领域已经开展了多种尝试,其中运用较多的模式是以小城镇所在地方的政府为主导力量,成立政府融资平台作为小城镇建设资金的主要来源。但是,在经济高速发展过后,地方政府的财政收入不仅没有获得明显改善,相反,增速方面甚至还出现了下滑;与此同时,财政支出和投资却依然在大幅增加。这种情况伴随着政府融资平台的贷款进入偿还高峰期,使得财政偿债的压力愈加巨大,潜在的金融风险逐渐显露。

（三）担保体制不完善,小城镇产业化缺乏融资基础

小城镇建设与发展的可持续性离不开产业化,而当地中小微企业的快速发展则是产业形成的前提,也是提高产业对小城镇建设的支撑力的基础。显而易见的是,资金的匮乏、融资难等问题严重制约了小城镇所在地区中小微企业的发展。由于规模所限,中小微企业自身实力往往较弱,依靠企业自身获取资金难上加难,融资过程中通常需要借助担保机构,但由于当地严重缺乏有实力的、资质高的担保公司,担保实力非常有限;并且小城镇往往远离中心城市,担保机构考虑到跨地区经营的成本过高等因素,也缺乏在小城镇所在区域开展担保业务的内在动力。担保机构的缺失、担保体制的不完善,导致小城镇地区的中小微企业通常无法获得来自金融机构的资金支持,直接结果是影响了小城镇地区的产业形成与发展,尤其是限制了劳动密集型产业的发展,使得小城镇地区无法形成自身的“造血”功能,阻碍了小城镇建设的进展。

[①]　王丽丹:《新型城镇化融资的困境与筹集渠道分析》,《金融科技时代》2014 年第 7 期。

二、创新小城镇建设融资渠道

小城镇建设项目具有周期长、所需资金量大、收益少、风险大等特点,因此融资环节面临诸多困难,如融资渠道狭窄、融资模式落后、地方政府债务压力巨大等。资金问题是小城镇建设中的一个较为突出的障碍,为了推进小城镇建设的进程,必须突破传统融资模式和融资渠道的限制,创新和增加融资渠道。

(一)加强政府引导和协调,发挥财政资金的杠杆作用

首先,小城镇建设实质上是最重要的民生工程,是实现共同富裕的关键途径之一,在建设过程中,应加强政策引导,优化政府政策的支持方式和力度。但在制定相关引导和支持政策时,应分类施策,因地制宜。比如,对于适合实施土地流转的地区,应制定有利于激发小城镇建设金融创新活力的相关产权制度,加快推进农村集体土地承包经营权的流转交易,建立区域范围内的产权交易市场,为金融机构创新土地金融产品和落实金融产权提供支持条件;针对中小微企业规模小和实力弱的现实,可以通过组建行业担保协会来弥补产业化形成和发展过程中的担保不足问题;还可以通过政府相关部门的政策引导与协调,建立银行与企业之间的合作平台,实现企业与银行的有效对接,促进银企结合,不仅有利于缓解企业的融资难问题,还可以通过二者的良性互动,将小城镇建设项目中市场前景好的项目公开向社会推荐,实现银企共赢互利。

其次,继续发展政府主导的融资模式。小城镇建设中较为普遍的融资渠道来自政府,其根本原因在于小城镇建设是由政府推动的,是国家发展战略的重要一环,因此,对于大多数的小城镇建设而言,政府主导的融资仍是主要渠道。根据前述分析可知,受制于财政资金的有限性,即使是由政府主导的领域如基础设施、交通设施、具有公共物品属性或公益性的项目中,也仍然主要是通过财政支持与补贴、财政返还以及低价格的土地

指标等途径为小城镇建设提供资金支持,并不能满足小城镇建设的所有资金需求,但政府可以发挥主导和协调作用,为金融资本和社会资本进入小城镇建设领域创造有利条件,拓展多元化的融资渠道。

最后,发挥财政资金的杠杆作用,加强财政资金与金融资金的配合。融资渠道狭窄的主要原因是投资主体较为单一,完善投入机制、丰富投资主体是小城镇建设融资方式的创新取向之一。具体而言,一方面,应完善公共财政的投入方式,通过财政资金的杠杆作用吸引社会投资主体参与小城镇建设,将财政直接投入改为间接支持,对于那些由社会资本牵头的基础设施投资和公益性支出应积极给予鼓励和补偿;另一方面,应强化财政资金与金融资金之间的配合,金融资金更关注经济效益,对资金的使用和分配等环节具有严格的约束和激励,效率性要求较高,而财政资金则更多地关注社会效益。对于小城镇建设中的基础设施项目,可以发挥财政投入部分的杠杆作用,以金融机构的优惠贷款或贷款贴息方式投入财政资金,吸引和配合金融资金的投入,二者协调配合有利于改变财政资金安排分散、后续监督缺位以及资金使用效率不高的缺陷。

（二）开发政企合作的融资渠道

在小城镇建设过程中,除某些具有公共物品性质的领域由政府主导融资之外,在其他领域中还可以建立起由政府主导、社会资本广泛参与的多元化融资渠道,发挥各类投资者参与建设小城镇的积极性,盘活民间资本。为鼓励私营企业、民营企业与政府合作参与公共基础设施的建设,可以开发政府和社会资本合作的模式,如 PPP 融资模式(Public-Private Partnership),该模式是在基础设施及公共服务领域建立的一种长期合作关系,通常由社会资本承担基础设施的设计、建设、运营和维护的大部分工作,并通过"使用者付费"及必要的"政府付费"获得合理的投资回报[1],因此企业

---

① 冯晨光:《政府与社会资本合作(PPP)模式会计核算探讨》,《财经界》2018 年第 7 期。

在项目的前期调研和立项阶段参与更深入;政府部门负责基础设施及公共服务价格和质量监督,以保证公共利益的最大化,因此政府在项目中后期的建设管理运营过程中参与更深入。政府和企业均是全程参与项目的建设,因此双方得以长时间的合作,信息也将更加对称。在 PPP 融资模式下,项目融资更多地由社会资本来完成,有助于增加基础设施项目的资金来源,极大地缓解了公共部门增加预算和扩张财务的压力,因而公共部门可以开展更多更大规模的基础设施建设;与此同时,由于政府采取竞争性方式选择具有投资和运营管理能力的社会资本来提供公共服务,并依据公共服务绩效评价的结果向社会资本支付对价,因此能够对参与企业实施更高效的监督,保障项目建设和运营管理的效果,而且政府的财政支出较少,企业的投资风险也较低。

(三)完善金融服务体系,提升资金供给能力

金融机构在小城镇网点少、服务能力较为落后,发挥金融服务小城镇建设的功能,应改善金融机构在小城镇的资源配置,增加网点设置和人员配置。金融机构的设立应由中央机构予以协调,根据自身的比较优势与经营战略明确在小城镇建设中的市场定位,减少因同质化无序性竞争导致的效率损失,提供差异性、特色化的金融产品和服务。根据金融机构的性质为小城镇建设的不同领域分别提供针对性的服务,政策性银行可以更多地支持基础设施建设,大型商业银行可以为公共商品和产业发展提供配套的金融支持,地方中小金融机构则应扎根基层、重心下沉,将自身发展与小城镇发展相结合,与中小微企业的发展相结合,加强对小微企业、农业产业化企业、合作社以及家庭农场等领域提供金融支持。同时,国家政策层面应积极引导金融机构为小城镇建设创新金融服务,允许银行业金融机构与非银行业金融机构组成银行集团,按照贷款协议商定的期限和条件向小城镇基础设施建设和公益性项目的投资人提供融资服务。

（四）搭建小城镇建设融资平台

搭建小城镇建设融资平台是以政府信用为基础,实行公司化操作,即政府职能和市场作用共同并存的融资模式。利用政府的良好信誉和公司的灵活运行机制,通过市场化手段筹资和融资,通过公司作用承担起政府无法做、没有精力做以及难以做好的事情。政府信用是确保地方投资环境、拓展小城镇建设融资渠道的关键,地方政府在小城镇建设中的信用状况直接影响到小城镇的投资环境。这是因为:其一,地方政府是投资者了解当地的政治、法律等制度的稳定程度以及是否适宜投资的直接"窗口";其二,作为制度规则的制定者与市场竞争的裁判员,政府及其信用是整个社会信用体系的重心与基石。政府并不是融资主体,因此不对全部债务承担责任,但政府信用能够为小城镇建设的融资风险提供最终担保,通过这种担保作用增加了市场投融资主体的信用,有利于防范道德风险,从而降低投资者的损失。

（五）积极发挥农业供应链金融的支持作用

各地区小城镇的产业特性不同,应根据建设项目的实际情况和资源禀赋,选择多元化的融资渠道组合使用。作为与农业地理位置最为密切的非农区域,小城镇建设的一部分资金可以考虑通过农业供应链融资的方式来予以补充。农业供应链融资是把供应链上的核心企业及其相关的上下游配套企业作为一个整体,根据供应链中企业的交易关系和行业特点,基于货权及现金流控制的整体金融解决方案的一种融资模式。[①] 具体而言,可以运用应收账款质押、核心企业担保、票据融资、保理业务等方式整合相关资源,对相关产业经营户、龙头企业等上下游配套企业,提供农业供应链融资。农业供应链融资不仅有利于降低融资成本,也有利于提高核心企业及配套企业的竞争力。

---

① 《供应链金融:五大典型融资模式分析》,银行家杂志,2019 年 12 月 18 日,见 https://xueqiu.com/7008740620/137603614。

　　创新小城镇建设融资渠道应尽量精准,根据项目的不同性质分别采取不同的融资方式。如在小城镇的道路建设、桥梁建设以及公共场所照明建设等非经营性项目建设的融资过程中,可以选择由政府作为主要投资主体,采用财政金融相结合的融资方式,以财政资金为主,通过融资担保、银行优惠贷款或贷款贴息方式引入债务资金,同时还可以采取发行政府债券等方式,向社会投资者募集资金;对于自来水厂、污水处理厂、垃圾处理厂以及燃气和供热设施等准经营性基础设施项目,可以通过招标途径,选择法人企业参与建设和运营。

　　此外,从国家财政体制方面而言,应构建与小城镇建设事权相对应的地方财政体系,一方面,加大中央财政转移支付力度,形成地区之间、中央和地方之间合理的财政转移支付机制;另一方面,加快推进财税体制改革,赋予地方政府与小城镇建设事权相对应的征税权,为地方政府培育相对稳定的税收来源,提高基层政府的偿债能力与公共服务能力。

　　综上所述,小城镇建设融资困难是一种普遍现象,融资内驱力较弱,企业和社会资本参与的积极性不高,政府在小城镇建设中所扮演的角色不仅仅是简单的引导,还应当全面协调、消除疑虑甚至部分参与。政府角色扮演的成功与否,决定了融资模式的成败。就具体融资方式而言,政府应创造条件调动一切因素拓宽融资渠道,在 PPP 融资、政府专项和产业基金、股权众筹、政策性或商业性银行贷款、债权计划、融资租赁、供应链金融等各方面多头出击,做好沟通协调工作。此外,小城镇建设中应积极争取中央和省级财政等各类资金的支持,尤其是对于贫困地区的小城镇建设而言,在国家经济发展中居于战略地位,其发展也在很大程度上依赖于中央和省级的政策支持和各类资金的支持,因此,争取中央和省级财政等各类资金的支持,对于小城镇建设影响巨大。

第三节 加大对小城镇建设的投资力度

加大对小城镇建设的投资力度是促进小城镇发展的重要环节,解决"由谁来投资、钱从哪里来、投资的重点是什么"这几个问题,对于科学推进小城镇的发展有重要意义。也可以说,通畅且充足的资金来源、科学的投资方式,对小城镇的建设与发展具有决定性的意义。

一、小城镇建设的投资现状分析

(一)小城镇建设的投资主体分析

小城镇建设的投资主体主要包括三类:第一类是各级政府,该类主体的投资特点是公益性为主,着眼于小城镇的长远发展。第二类是社会机构,该类主体的投资特点是周期较短、局部见效较快,以盈利性为主,因此对于小城镇建设的质量提升和管理提级缺乏系统性。第三类是政府牵头所成立的小城镇建设基金,其实质也是一种融资平台,通过该平台将政府和市场有机结合起来,按市场化的规律去运作,但并不完全走市场化的路线,该类主体综合了前两者的优点,所提供的资金来源充足稳定,其投资具有高效、运行风险较小、能够持续经营的特征。在第三种方式中,既能够发挥财政资金"四两拨千斤"的作用,又能够为各方的社会力量参与到小城镇建设中建立一种间接的、综合的投融资渠道和高层次的投融资平台。

(二)小城镇建设的投资现状分析

目前大部分的小城镇仍然属于农村经济的范畴,而正是由于农村经济的低层次性衍生了小城镇极不合理的产业结构,产业层次和发展水平较低。在产业结构方面,应从小城镇当地的优势产业和产品着手,对其大力扶持和发展,以此来带动第一产业,调整和优化第二产业,同时推动发展第三产业。近年来,山东省对小城镇建设的投资总量上看有很大的增长,但国家资金和地方自筹资金仍是投资的主要来源,在利用国内贷款和社会资本方面有一定的增长,但也存在很多问题,对一些产业的投资仍不稳定,发展后劲不足;民间投资的积极性未能很好地调动起来。

从全省小城镇的整体发展来看,具有资源优势和特色产业的小镇发展较快,且获得更多的资金投入和更大的扶持力度;而原本并不拥有优势资源也未形成特色产业的小城镇建设仍然步履维艰,资金投入少、扶持力度小,而且这些小城镇属于大多数,且与农业的联系更为密切。因此,对于大部分的小城镇而言,发展特色农业以及实现农业产业化仍是小城镇建设和发展的重点。从对农业的投资结构来看,对于特色农业的投资增速较快,但对于传统农业的投资增幅并不大。地方财政对于农业投资仍然心有余而力不足。

二、加大对小城镇建设的投资力度

加大对小城镇建设的投资力度,应充分发挥政府的宏观调控职能,围绕投资多元化吸引更多社会投资主体参与小城镇建设,以基础设施建设为基础,以形成和发展主导产业、特色产业为核心,以公共服务质量的提升和社会保障体系的完善为两翼,通过多方协作多领域共同发力,提高小城镇的建设质量。

(一)加大政府投资力度,做好小城镇基础设施建设

小城镇建设所需资金量非常大,政府投资应在小城镇建设中占据一定比例,一方面在于政府应承担小城镇建设的主要职责;另一方面在于通过政府投资和财政政策能够有效吸引社会各方资金投入小城镇建设。因此,加大对小城镇建设的投资力度,首先应加大政府财政的投资力度,完善公益性项目的财政资金保障机制,地方政府专项债资金应对有一定收益且确需建设的公共设施项目予以倾斜。

　　小城镇建设的投资方向主要涉及基础设施的投资、服务体系设施的投资、以房地产开发为主的建筑业、以农副产品加工为主的轻工业和以当地资源开发为主的产业等领域的投资、旅游业的投资以及镇区绿化、美化和改善生态环境的投资等,其中基础设施是小城镇赖以生存和发展的必要条件,属于公共物品,对于基础设施的供给属于公共投资,是市场不能有效配置资源的领域,资金提供者应以政府为主。近年来,随着基础设施投资模式的不断发展,国家鼓励开展诸如 PPP 模式的多渠道投融资方式,使得私人部门也在一定程度上参与到小城镇基础设施建设中来,但从实际情况而言,参与程度极为有限,从这个意义上而言,政府仍然是基础设施领域的主要投资主体,而且对于关系国计民生的重大基础设施以及非营利性的社会性基础设施领域而言,也的确应该由政府投资完成。此外,作为一种公共物品,基础设施具有非竞争性和非排他性的特点,发挥着为全社会提供服务的功能,可以说,基础设施在服务经济发展的同时还要兼顾社会利益以及与环境的协调发展,是小城镇可持续发展的总目标的集中体现。

　　小城镇的基础设施投资是推动区域经济增长的一种非常重要的途径。因为在大多数情况下,基础设施属于区域的自然资源禀赋,对区域之间的资本和劳动的流动具有很大的影响。加大对基础设施的投资,特别是交通类基础设施的投资,能够增强小城镇之间的沟通与资源信息交流。政府对基础设施的投资可以带动与之相关的上下游产业的发展,从而对当地的经济增长产生乘数效应,还可以通过对资本的积累作用,增加乡镇企业的集聚效应,从而降低运输成本与信息传递成本,进而通过成本效应带动经济内生性增长,以此推动小城镇的发展。鉴于此,小城镇基础设施建设的资金应主要以国家投资为重要来源,但从目前状况来看,投资力度很小,非常有限,中央和地方政府应加大对小城镇基础设施领域的资金投入。

（二）发挥财政资金的撬动作用，吸引社会资本的投入力度

由于财政资金的有限性，而且考虑到小城镇建设中非公益类项目的建设更适宜市场化运作，应构建多元化的投资体系，吸引更多社会资本参与到小城镇建设中来。具体而言，应以中央和市级财政资金作为引导资金，遵循市场导向，立足各区域的实际，吸引金融资本、民间投资等各种社会资本来参与小城镇的建设与发展。对于已经具备或潜在具备优势资源和特色产业的小城镇，应加大投资力度，突出小城镇建设的特色，发挥优势以辐射周边。应坚持小城镇经济建设与基础设施建设、产业结构调整、发展民营企业以及健全社会化服务体系等领域相结合，引导社会资本在形成和发展支撑产业和特色产业方面发挥更大的作用，应在坚持稳定发展第一产业的基础上，加大对第二和第三产业的投资，第二产业的重点投资领域应聚焦在农产品加工业以及当地特色产业的上下游领域，第三产业的重点投资领域应聚焦在市场交易、信息服务、现代科学技术等产业。重点投资的产业领域将会产生一定的人力资本效应，从而吸引更多的农村剩余劳动力，而人口向小城镇流动所形成的集聚效应将进一步带动该产业的发展，同时也将拉动相关产业以及辐射邻近小城镇，进而促进小城镇的经济发展。

（三）加大对小城镇公共服务的投资力度

应加大对小城镇中教育和医疗领域的投资力度。小城镇与大城市在吸引人口流动方面最大的差异在于公共服务的差异，主要包括医疗服务资源和教育资源的差异，只有公共服务的均等化，才能够让农民稳定踏实地进入小城镇。应加大对小城镇合作医疗的覆盖面，推行小城镇居民基本医疗保险，使人人享有医保，人人享有基本卫生保健，建设覆盖小城镇居民的基本卫生保健制度，使群众能够享受到安全、方便、有效、价廉的公共卫生与基本医疗服务。通过加大对社会事业的投入，让人民群众不断从经济发展中得到实惠，为构建社会主义和谐社会奠定扎实基础。因此，

政府投入的重点应是推动社会建设、公共服务资源向小城镇流动,一旦小城镇的社会建设和公共服务水平达到或接近大城市的水平时,经济建设资源就会随之流入。

小城镇在教育、公共卫生和医疗资源方面存在不少短板弱项,但也蕴藏着巨大的内需潜力。加强教育和医疗卫生领域的基础设施和配套服务建设,一方面,可以形成当期投资;另一方面,改善的医疗卫生条件又可以吸引产业投资、促进居民消费,形成乘数效应。应对小城镇的教育和医疗领域的软硬件设施和资源进行高强度投资和升级换代,加大对小城镇的教育和医疗资源的投入,改善教育和医疗条件。可以推动优质学校和医院在小城镇创办分校区、分院区,让公共服务在小城镇均等化。在这一过程中,最重要的是地方基层政府的领导干部应如前些年招商引资一样来招教引医,那么教育医疗水平也将会得以极大的提高,为小城镇发展奠定基础。

（四）加大对小城镇养老社区的投资力度

由于我国老龄化问题日趋严重,在推动小城镇建设的过程中,可以考虑将养老社区的建设作为小城镇建设的重要项目之一,通过政策和制度措施分流养老人口,一定程度上能够缓解大城市的养老压力,同时还有利于促进小城镇的教育、卫生以及文化事业的发展。小城镇由于远离中心城市,养老社区的创建成本相对较低,且多数处于城乡结合处,生态环境较好,环境较为舒适,更适合老年人居住。对于小城镇的建设而言,通过一定的政策和制度的引导,借助于养老社区的建设将会有力地推进当地经济社会的综合发展。一方面,如果采取在小城镇建设过程中加大对养老社区的投资,将通过生活成本较低但生活环境较优的养老社区来吸纳大量来自大城市的退休人口,而养老社区人口所形成的消费规模不仅能够带动小城镇的经济发展,还将活跃小城镇的商业、餐饮以及休闲度假行业,又可以为离开土地的农民提供经过培训后成为养老社区员工的就业机会。

在建设养老社区的过程中,政府有关部门应当充分予以政策支持和制度保障,支持和鼓励保险资金及养老资金参与到小城镇养老社区的建设和开发之中,增强对小城镇养老社区建设的投资力度。在养老社区的资金投入方面,政府可以通过科学合理的政策指引或倾斜,鼓励开办养老保险业务的保险公司将相应的长期养老准备金用于小城镇的养老社区建设,从而减轻政府的资金压力,并且引导保险公司为应对人口老龄化开发相应的养老保险产品,缓解养老问题带来的社会压力。

此外,应加大对小城镇内部或连接城区外围的农、林、牧业等领域的投资力度。表面上看,小城镇内部或连接城区外围的农、林、牧业等领域与小城镇建设不太相关,实际上这些领域是小城镇的重要基础和有力支撑。加大对小城镇内部和外围的农、林、牧业的投资,将对小城镇建设和发展起到重要的推动作用。

第四节　建立小城镇可持续的城镇化资金支持机制

一、小城镇及其资金支持可持续的内涵

可持续性是指一种可以长久维持的过程或状态。小城镇是一个复杂的系统,系统的最根本特征是其整体性,而各个组成部分即子系统之间也存在相互联系并发生作用,只要一个子系统发生问题,都会直接或间接导致其他子系统的紊乱,甚至会引发系统的整体突变。因此,可持续发展追求的是整体发展和协调发展,即共同发展。小城镇的可持续发展关系到国家城镇化战略目标和社会经济发展目标的实现,要实现可持续发展的总目标,应坚持共同性原则,在尊重各方利益的基础上,通过全社会的力

量来共同关注和支持小城镇的发展。单纯追求小城镇的经济增长并不能体现可持续发展的内涵。学术界多年来关于"增长"和"发展"的辩论已达成共识。"发展"比"增长"的概念更广泛、意义更深远。若不能使社会经济结构发生变化，不能使一系列社会发展目标得以实现，就不能承认其为"发展"，就是所谓的"没有发展的增长"。小城镇的可持续发展应以提高全体居民的生活质量为目标，同社会进步相适宜。

小城镇的可持续发展应承认自然环境的价值。自然环境的价值不仅体现在它对小城镇经济系统的支撑和服务上，也体现在对生产系统的支持上，体现在后代人所享有的福利或所承担的损失上。贯彻可持续发展理念应治理污染、保护环境、限制乱砍滥伐和浪费资源，以自然资源的可持续性形成对经济发展的制约和限制，为大力发展质优、高效，具有合理、持续、健康发展条件的绿色产业、环保产业、节能产业等提供发展良机，培育小城镇新的增长点。

可持续的资金支持机制的根本目标是促进小城镇的可持续发展。可持续性并非指一劳永逸或平稳不变，而是指当系统受到某种干扰时仍能保持其生产力的能力。这就要求小城镇及其资金支持机制能够根据可持续性的条件调整自己的发展方式，在经济生态和环境生态可能的范围内确定自己的消耗标准，生存和发展能力得以维持。

二、小城镇建设的资金支持现状

一直以来，小城镇建设和发展的资金来源主要是地方政府的财政资金、政策性扶持资金以及权益出让资金。可以说，小城镇建设过程中最稳定和最直接的资金来源就是政府的财政资金。而政府财政资金主要来自税收或由财政资金转化而成的部门专项资金；政策扶持资金主要是上级政府出于对下级政府的政策性照顾所提供的建设资金；权益出让资金是小城镇所在的地方政府通过出让其所拥有的资产所有权、经营权或土地的使用权或项目的开发权等所换取的建设资金。这部分资金相对于小城镇建设的诸多领域而言,显然是远远不够的。

投资来源渠道的单一性将导致什么？在小城镇建设方面的投资力度非常弱,其他资金来源方式如中短期银行贷款等的难以持续性,也造成了当前的资金支持体系无法保证小城镇建设和发展的可持续性,造成了当前小城镇建设领域的投资力度小、建设效果不佳,同时还给国家财政造成了过重的负担。因此,以政府作为资金主要来源的投资方式已无法满足小城镇建设快速发展的资金需求,亟须扩大小城镇建设的资金来源渠道,完善城镇化资金支持机制,以提高小城镇建设的速度和效果,确保其得以可持续发展。

三、建立小城镇可持续的城镇化资金支持机制

几十年来的经验告诉我们,一种或两种手段不可能较好地实现资金的有力支持,更不可能实现小城镇建设资金的可持续性。可持续性的资金支持机制,首先离不开稳定的宏观经济环境,完善的市场运作机制,有力的政策措施的引导,其中尤其是良好的政策环境不仅能够为小城镇建设提供源源不断的资金,更能保证小城镇建设的健康发展。① 在此基础上,探索多元化的资金来源渠道,以便构建系统性的可持续的资金支持机制。

（一）发挥政府财政资金的导向作用和杠杆效应

我国小城镇的建设和发展是国家战略的重要组成部分,但如果仅靠小城镇所在农村地区的内在发展动力,难以顺利实现这一目标,所以应主要由国家战略来指引、由地方政府来推动。其实,不仅我国如此,放眼西方国家和亚洲其他国家如韩国和日本等,小城镇的发展也都离不开政府

---

① 王秀梅:《试论小城镇建设的资金问题》,《新疆农垦经济》2003 年第 5 期。

的大力主导。因此,在小城镇建设资金的来源渠道中,政府的财政资金是首位的也是主导地位的现象,也就不足为奇了。

如前所述,我国地方政府的财政资金极为有限,而且很多是以土地财政为主,与总的资金需求数量相比,土地财政实则对资金供给的比例并不高,而且土地不可再生的稀缺性不能保证其无限制供应,能够供应的国有建设用地面积存在着约束性限制,加上国家对土地市场和房地产市场的管理调控,土地财政供给存在数量上的不可持续性,降低了地方政府对土地财政的依赖程度;加上其他的地方财政性资金收入,也不足以覆盖小城镇建设的融资缺口。因此,政府虽然在小城镇建设中居于主导地位,但其在资金支持方面作用非常有限,而这种资金供给的有限性阻碍了小城镇的可持续发展。

政府财政资金的有限性表明仅靠这种单一的渠道是无法满足小城镇建设的资金需要的,但在整个资金支持体系中,财政资金却是不可或缺的也是无可替代的。财政资金真正的作用在于对其他建设资金的导向作用和杠杆效应,一方面,政府可以使用财政资金对小城镇建设中起到示范作用或对作出突破性贡献的小城镇进行重点奖补,以便引导这些小城镇继续发挥对城乡的支撑作用,同时也为其他小城镇的建设和发展提供借鉴和参考;另一方面,政府作为小城镇建设的主导者,其所提供的财政性资金显然具有杠杆效应,积极发挥财政资金的杠杆作用,可以撬动更多小城镇建设资金,比如可以通过制定和实施有力的招商引资政策,充分利用财政、税收、产业、土地以及社会保障等政策手段,调动社会各类主体参与小城镇建设的积极性,吸引更多社会资金投入小城镇建设中来,实现投资主体的多元化和资金来源的多样化。

(二)建立多元化的资金来源渠道

传统模式下,小城镇建设资金的支持方式从大的方面看主要包括以政府为投资主体所提供的财政资金和以社会为投资主体的社会资本。如前文所言,以政府作为投资主体所提供的资金极为有限,主要应发挥引导和杠杆作用,比如以政府信用为担保的地方性政府债务融资,主要资金来源是以国内商业银行、政策性银行等为主的银行信贷融资,以及以地方融资平台为主要载体发行的地方性政府债券,但事实上这部分资金由于小城镇项目周期较长、资金量较大等原因,也缺乏长期支持的可能性。相对而言,社会资本因其可提供的资金量较大、种类较多、运作方式灵活,更适宜参与到小城镇建设中来,尤其是参与到一些能够产生经济效益的投资项目中。社会资本的参与,能够使得地方政府的财政重心得以转移,向资金吸引力较低的领域倾斜,以实现小城镇建设资金的有效供给。

在小城镇的基础设施建设项目中,由于涉及领域众多且规模较大,无论从资本角度还是管理角度来看,都难以单纯依靠政府完成。通过推行PPP等政企合作模式,加大政府与社会资本的合作,既可以满足地方政府对小城镇建设的资金需求,减轻地方政府的财政压力,缓解地方债务风险,同时借助社会资本参与大部分的经营性项目建设,地方政府得以抽出精力将财政重心转移到资金吸引力较低的非经营性项目中去,还可以借助社会资本来弥补公共部门在管理与技术经验上的不足,充分发挥私人资本效率优势和经营管理优势,实现公共部门和私人部门的优势互补,使得二者的合作在整体上实现帕累托最优。

(三)发展和完善地方政府债券

虽然地方政府债券存在一定的风险,但这并不能否认其在小城镇建设中的资金支持作用。由于土地财政的不可持续性,地方融资平台以土地财政为主获取资金支持的路径也被切断,可以通过发行地方政府债券作为小城镇的基础设施建设的主要资金来源渠道。地方政府债券是以地方政府的信用作为担保,在市场上公开发行的有价证券,所筹资金主要用于基础设施建设和公益性项目运营。虽然我国每年发行地方政府债券的新增额度在不断扩大,但以地方政府性债务历史审计结果数据发现,地方政府债券的发行规模仍然存在较大的需求空间。与地方性债务融资方式相比较而言,发行地方政府债券的优势显而易见,地方性债务融资的主要资金来源于银行信贷,一般期限不长,无法满足小城镇建设中地方政府融资投向的项目所具有投资规模大、周期长的需求,银行贷款的短期性与项目建设的长期性之间的矛盾也增加了地方政府资金链的偿债压力,很可能产生因期限错配累积的系统性风险;发行地方政府债券则较为灵活,通过丰富的期限设置,能够错开偿债高峰期,对资金供需双方的需求进行更合理的匹配,相应的融资成本也会有所降低,地方政府的债务风险也得以降低。

(四)建立金融保障机制

在小城镇建设和发展过程中,政府投入的资金是有限的,政府的主要作用在于引导小城镇建设和吸引外部资金支持,因此大量的小城镇建设资金需要通过直接或间接方式加以筹措。在以间接方式为主的基础上,应对直接融资行为予以规范,不断提高直接融资的比例,促进直接融资市场的健康可持续发展。为发展多元化资金支持方式,应大力培育机构投资者,允许保险公司、社会保障基金等机构进入小城镇,加快设立证券投资基金,促进储蓄向投资的转化;此外,应建立小城镇可持续发展基金,以扶持重点项目、技术含量高的项目,管好资金用好资金,建立资金自我补偿和循环机制,建立健全资金使用的事中监督和事后评价机制。金融保障机制的建立不仅拓展了小城镇融资渠道,引入更加多元化的投资主体,也有利于建立可持续的资金支持机制,确保小城镇建设的顺利进行。

(五)建立小城镇内在的可持续的资金支持机制

在小城镇建设的资金来源中,无论是政府财政资金和政策的支持,还是外部社会资本的引入,都属于外部力量,并不是真正的可持续状态。如何在外力的帮助和引导之下,建立起小城镇内在的可持续的资金支持机制,事关小城镇建设的长期性与发展的可持续性。唯有小城镇自身具备了可持续的资金投入与产出机制,才能既保证了资金支持的可持续性,又保证了小城镇发展的可持续性。而这种内在可持续的资金支持机制的建立,则需要市场的力量和制度的保障:一是处理好政府和市场的关系,通过建立完善的劳动力市场、资本市场与产品市场,构建完善的市场体系,发挥市场在资源配置中的作用;政府则负责制定竞争规则,提供法律、制度与公共服务方面的保障,扮演好"守夜人"的角色;二是培育有效率的市场主体,通过发展结构合理、规模适度且具有技术创新前景的中小微企业,为地方政府提供可靠的税收来源,为小城镇建设提供可持续性的资金支持渠道,也从根本上保障小城镇的可持续发展;三是制定一些对应于环境保护和资源利用活动的固定收费制度,将污染企业的外部成本内部化,对其违规和违法行为进行经济处罚,通过法规和规章引导更加环保的生产方式和消费方式,使得小城镇的建设更加规范,践行绿色发展观,实现"绿水青山就是金山银山"的可持续发展理念。

(六)其他措施与建议

小城镇建设是一个系统工程,涉及面广、投资规模大,传统的投资分担机制难以满足需要,应根据新政策、新形势,建立有效的小城镇建设资金保障机制,同时应配套有效的制度保障。

一是规范地方政府的债券发行。从短期来看,我国地方政府的财政信息披露还较不充分,在使用发行地方政府债券方式为小城镇建设筹措资金的过程中,一方面,应保证所发行债券的规模与地方财力相匹配,以免因无法及时偿债产生违约风险;另一方面,应规范地方政府对资金的使用行为。即从小城镇建设的需求出发,在加大地方政府债券发行力度的同时,应对发行债券的规模和资金的使用行为予以规范;此外还应考虑各地的实际情况的差异,合理安排地方政府债券额度,并通过加强对资金的规范管理提高资金的使用效率,使之对小城镇发展发挥应有的效益。

二是完善 PPP 模式的进入与退出机制。在小城镇的基础设施建设的资金支持方面,PPP 模式的融资潜力巨大,但如何吸引社会资本的参与是实现 PPP 项目落地的关键,其中最重要的是完善该模式中私人部门的进入与退出机制。在进入环节,政府应与私人部门建立合作的伙伴关系,而非将自身与私人部门定位为主导与被主导的关系,同时应提高法治精神和契约精神,减少对 PPP 项目招标的干预,避免出现"玻璃门"和"弹簧门"现象,致使民营资本被拒之门外;为防止地方政府以 PPP 之名行兜底回购、明股实债、固定回报等变相融资之实,应加强对双方权责风险安排的监督管理。在退出环节,由于 PPP 项目的运营周期较长,退出渠道又比较狭窄,导致社会资本参与的积极性并不高。鉴于此,应大力开展 PPP 项目的资产证券化工作,对于符合条件的 PPP 项目应通过资产证券化方式积极推进,以实现市场化融资,提高 PPP 项目的资产流动性,盘活存量资产,以保障 PPP 模式的健康发展,进而保证小城镇发展的可持续性。

总之,小城镇建设和发展质量的提高,离不开政府的主导角色和引导作用,在一些市场失灵的领域,应积极发挥政府的主导角色,加大资金支持力度;而在一些政府失灵的领域,则应积极发挥政府的引导和杠杆效应,通过市场机制形成多元化投资支持模式。小城镇的建设和发展离不开明确的法律政策和合理的监督体制的保障,政府的监管对资金流向具有引导作用,也有利于规范投资和运营行为、确保建设和运营效果。应充分利用商业资本、金融资本和工业资本,使它们积极投入小城镇建设和发展之中,为小城镇的经济发展创造新的商业利润,形成新的产业支撑,促进以传统农业为主的经济结构向以工业为主的经济结构转型,形成农业、工业、商业相结合的一体化,有效引导小城镇的产业化发展,降低交易成本,提高小城镇的经济运行效率和效益。

第四章　小城镇建设与城乡融合发展

当前,我国城镇化发展进入中后期阶段,已经迈入高质量发展时期。随着大城市的城镇化成本不断上升,城镇户籍吸引力大大减弱,城镇化速度已经放缓。县域范围内的县城及镇域的发展对城乡融合发展有重要作用,县城与小城镇成为城乡融合发展的重要平台和载体,加快推进小城镇的城镇化发展十分必要。小城镇建设与发展能真正地改善人口城镇化后的福利水平,带动乡村经济社会的发展,也有助于解决农村留守老人、留守儿童等问题。

第一节　促进小城镇与乡村的空间融合发展

在空间布局上,小城镇与乡村的空间距离最近,布局特征有密切的联系。要做好小城镇与乡村的空间融合可从以下五个方面着手。

一是科学制订战略规划。首先,乡镇按照因地制宜、宜聚则聚、宜散则散、不搞大拆大建和改造、保护、新建相结合的规划理念,坚持"小而美"的空间格局,维系小城镇宜居尺度,及时更新完善镇村规划体系、镇总体规划和详细规划,实现规划全覆盖。推进扩权强镇,做强中心村、特色村,适时适当推进村组合并。其次,建立多规合一的规划机制。加强各类规划的统筹管理和系统衔接,形成城乡融合、区域一体、多规合一的规划体系。按照功能定位导向、要素协调一致、综合集成实施的原则,推进城乡规划、土地利用总体规划、产业发展规划、环境保护规划、经济和社会发展规划等有机衔接,促进城乡功能和空间融合发展。建立适合小城镇和农村地区的规划标准体系,推广完善乡村规划师制度,引导建筑、园林、景观、艺术设计、文化策划等设计大师、优秀团队下乡。最后,推动城乡基础设施互联互通、统筹规划、建设小城镇与乡村的基础设施建设。通过不断提升乡村基础设施水平,美化乡村发展环境,吸引城镇人口到乡村休闲、度假、养老等,把乡村变成集生产、休闲、度假、养老、休憩于一体的多功能场所,城乡人口共同居住的生态场所。

二是做好小城镇与乡村交通、旅游等设施的融合发展。当前,乡村振兴战略正在不断推进,乡村振兴的实施离不开与城镇的要素流动、与城镇的设施联动、与城镇的文化相互交融。许多乡村不再是单一从事农业的地方,生态涵养、休闲观光、文化体验等功能越来越受重视,乡村养生养老、创新创业、生活居住也越来越受市民青睐,这就需要在建设小城镇时对城乡的交通设施、城乡旅游设施进行统筹规划,统一城乡基础设施建设的规划、标准、财政投入及制度安排,形成城乡一体的空间布局体系。当前,以城市的资本下乡、要素下乡等手段推动小城镇的发展和乡村振兴是一条重要的城乡融合发展道路,这其中政府所要做的就是统筹好城镇与乡村的基础设施、景观生态、旅游设施等资源。例如,南京市江宁区的郊区小城镇在建设和整治过程中就是统筹推进乡镇与农村的人居环境整治过程,不简单照搬外地做法,而是创新全镇统一规划,重点村一起推进,建设全域美丽乡村,积极解决投融资难题和引导群众广泛参与,统筹推进特色田园乡村、美丽乡村示范村、宜居村、民宿村和田园综合体"五村"共建,形成了溪田田园综合体、谷里大塘金香草小镇、黄龙岘茶文化小镇等一批新产业新业态集聚发展的新平台,持续擦亮江宁"农业+旅游"的新名片,探索出"因地制宜、共享共建、党建引领、品牌塑造"的"江宁模式",

从而实现了小城镇建设与乡村振兴的协调发展。

三是做好小城镇与乡村住宅的统筹规划与融合发展。小城镇镇区建设与乡村民居建设的景观外貌还是有差别的。山东省近年来实施了合村并居的措施,部分空心村居民集中到镇区统一居住,政府在镇区或中心村统一盖房,农民实现了就地就近的搬迁,生活条件有较大改善。合村并居对节约农村土地,改善农民居住条件以及提升公共基础设施水平等都起了重要作用。当然,合村并居也有一些负面影响,比如一些地方农民搬迁时需要缴纳一部分费用,由于部分农民经济基础较为薄弱,不愿意进行合村并居。还有一些地区,农民合村并居后仍需要继续种地,离耕地较远,种地不方便等。如何统筹推进城镇建设与美丽乡村建设是下一步山东省及全国各地区面临的重大课题。我们并不能简单地说合村并居是好的还是坏的,山东省不同地区的农村民宅建设年代不一、经济发展水平不同、乡村人口不同,进行合村并居或者美丽乡村建设都不能"一刀切",人口较少、自然条件恶劣的农村地区可以进行易地搬迁;人口规模适中,经济基础较为薄弱,无力承担合村并居费用的地区则不宜进行合村并居。同时,城镇与乡村的建筑风格有差异,也不能将城镇的建筑简单地复制到农村地区,乡村有乡村的风貌。大部分农村地区应该保持乡村的田园特色,而城镇地区则可以根据本地区的发展规划进行建设。小城镇与乡村之间的建筑风貌可以进行有差别的融合发展,城镇有城镇的特色,乡村有乡村的特色,同时一个地区的城镇与乡村在建筑风格、建筑标准上又有一些相联系、相融合、相补充的特征。

四是统筹小城镇与乡村建设的不同功能区。在部分乡村地区要优化农业功能分区和经济地理。立足特色资源优势、环境承载能力、集聚人口和经济条件等,推进农业主体功能区建设,确定重点发展区、优化发展区、适度发展区,明确优先发展区域。推进农产品主产区为主体的农业发展布局,把农产品主产区作为限制进行大规模高强度工业化城镇化开发的区域,加快形成以农产品主产区为主体,其他农业地区为重要组成的发展格局。在城镇地区,要优化小城镇的工业园区或产业园区建设,禁止乱占地、粗放利用土地等行为,应鼓励能在几平方公里土地上集聚特色产业,且能实现生产、生活、生态空间相融合的创新创业平台申报特色小城镇。当前,部分小城镇空间规划的不合理,园区建设较为分散,土地浪费仍然比较严重,今后要充分发挥小城镇的空间集约经济效应和产业升级作用,不断加强小城镇建设的集约性,促进区域和城镇体系协调发展。

五是统筹城市群内小城镇的发展。首先,在省级层面,对小城镇的政策指导要尊重客观规律,从目前的特色小城镇分布来看,向城镇群集聚的趋势明显。因此,在未来的特色小城镇培育工作中,理应将区位条件放在更高的位置,优先选择大城市群内部和周边发展。在发展距离城市较远区域的特色小城镇时,则必须对改善交通条件提出更高要求。其次,城市群和城市要利用特色小城镇增强整体竞争力。把特色小城镇作为城市群发展战略中的重要一环,利用特色小城镇疏解特大城市等城市的人口、产业以及非核心功能,缓解空间过度集中导致的大城市的"城市病"等问题。最后,积极鼓励区位和基础良好、有潜力的小城镇创建"特色小城镇"。要进一步完善对特色小城镇选取标准的科学评价,将区位、交通等因素纳入特色小城镇选择标准,挖掘出有开发潜力的小城镇。

第二节　促进小城镇与乡村产业融合发展

产业是小城镇发展的基础。同时,小城镇产业发展的好坏对城乡能否实现融合发展,乡村能否实现乡村振兴又有着重要的作用。推进小城镇与乡村产业融合需要做好以下四个方面。

一是从省级层面出发,引导部分城市地区的产业要素适当向小城镇及乡村转移,在小城镇及乡村地区落地。当前,部分制造业无法承受大中城市地价不断升高的成本压力,迫切需要到地价成本较低的小城镇及乡村地区转移落户,这为小城镇和乡村的发展带来了较大机遇。政府应当顺应企业发展需要转移阵地的愿望和要求,引导这些企业进入小城镇和乡村地区落户。比如一些对交通物流、现代服务贸易要求不高的生产加工型企业可以进入小城镇甚至是农村地区落户生产,这些企业从大中城市地区进入小城镇和农村地区有利于节约企业土地成本,还能带来当地农村劳动力的就业。其实,推进产业向城市周边或乡村地区分散是许多发达国家在城镇化后期曾经采取的策略。从20世纪90年代开始,日本国土交通省出台政策,引导首都圈中心地带——东京23区、川崎和横滨特别密集的人口及产业向周边地区分散。法国在20世纪50年代以后,为了推动乡村地区的复兴,也曾经引导企业向小城镇及乡村地区分散,同时推动就业岗位从发达地区向欠发达地区和乡村地区转移,并支持乡村地区产业转型发展,支持乡村生态农业、旅游业及农业上下游产业的发展。法国还在小城镇及乡村地区积极发展二三产业,政府设立"地区发展奖金",以奖励到指定的具体落后地区新建和扩建工厂的企业。目前,我国城市地区部分产业也有寻找低地租的乡村地区、逃离高地租的城市地区的需求,因此,鼓励这部分产业资本到有条件的小城镇与乡村地区,带动小城镇与乡村地区一二三产业发展是十分必要的。在推进城市产业资本向小城镇与乡村流动的同时,还需要引导城市的人才、品牌、资本、营销和管理理念向小城镇和农村流动,加快小城镇服务业的发展,推进各类公共服务平台建设,建立完善各种专业性协会和社会中介服务体系。

二是推进小城镇与乡村产业融合发展。建立健全城乡融合发展体制机制和政策体系,是党的十九大作出的重要部署。改革开放特别是党的十八大以来,我国在统筹城乡发展、推进新型城镇化方面取得了显著进展,为更好地促进乡村振兴和农业农村现代化奠定了坚实基础。当前,推动工农互促、城乡互促,实现互利共赢,已经成为城乡融合发展的重要一环。更好推动城乡产业融合,也成为实现乡村产业兴旺的重要突破口。需围绕发展现代农业、培育新产业新业态,完善农企利益紧密联结机制,实现乡村经济多元化和农业全产业链发展。首先,要促进城乡要素流动更为顺畅,坚决破除妨碍城乡要素自由流动的体制机制壁垒,促进各类要素更多流向乡村,在乡村形成人才、土地、资金、产业、信息汇聚的良性循环,为乡村振兴注入新动能。其次,搭建城乡产业协同发展的平台,推动城乡要素跨域配置和产业有机融合。探索美丽乡村特色化、差异化发展模式,盘活用好乡村资源,创建一批城乡融合典型项目,形成示范带动效应。最后,要发挥城市企业的带动作用,将产业链、价值链等延伸至乡村,切实提高农村产业结构的层次,推动传统农产品的优化升级。此外,需要着力建立工商资本下乡的促进机制。引导工商资本为城乡产业融合发展提供资金、技术等支持,鼓励工商资本投资适合产业化规模化集约化经营的农业领域。

三是推动小城镇下辖的乡村一二三产业的融合发展。近年来,山东省小城镇与农村发展环境不断改善,新产业新业态大量涌现,产业发展取得了积极成效。对此,我们需树立新发展理念,落实高质量发展要求,积极顺应时代发展大势,完善乡村产业发展的路径。在乡村,要推动乡村一二三产业融合发展,要拓展农业上下游产业链,推动农产品加工、储存、运输、销售等产业的发展,特别是要将传统农业的单一功能拓展为多种功能,形成“农业+”多种业态的发展态势,推进农业与二三产业融合发展;要发展休闲农业,充分利用乡村独特资源,结合市场需求,打造地方特色产业,提高乡村产业的质量竞争力和品牌影响力;发挥好商业服务业功能,健全农产品产销链接机制,推进农产品电子商务覆盖率,推动农业与加工流通业融合发展。着力统筹城乡资源,引导适合农村发展的二三产业扎根农村,把以农业农村资源为依托的二三产业尽量留在农村,把农业产业链的增值收益、就业岗位尽量留给农民。

　　四是推进城乡产业布局融合。科学规划城乡产业布局,促进产业向优势区域集中,不断优化空间布局结构,要走出传统的"农村工业化"误区,以开发区、工业园区为载体,积极引导工业向园区集中,促进工业园区化和集聚发展,工业园区化是当今世界工业发展的共同趋势,也是改革开放以来各地实践探索的经验总结。促进工业进园和集聚发展,不仅可以集约节约利用土地、能源和其他资源,共享基础设施和公共配套服务,而且有利于污染的集中治理,充分发挥集聚的经济效应,按照全国和山东省主体功能区规划,山东各地区承担的主体功能不尽相同,有的属于优化和重点开发区域,有的则属于限制和禁止开发区域,对于一些重要的生态功能区,其主体功能是保护生态环境,属于限制和禁止开发区域的范畴,为协调开发与保护之间的关系,可以采取飞地经济的模式,在有条件的地方共同建设工业园区,鼓励生态功能区招商引资来的企业向这些园区集中,实行产值等经济指标分割和税收分成。在新形势下,产业园区发展还应与城镇建设有机结合起来,通过以产兴城、以城促产、产城互动,实现产城融合、共生共融。产城融合是一种现代发展理念,即核心内涵是功能复合、配套完善和空间融合,如果城市没有产业支撑,即便再漂亮也只是空城,如果产业没有城市作为依托,即便再高端也只能"空转",此外在广大农村地区要按照一镇一业一村一品的思路,加快推进专业镇和专业村建设,大力发展镇域经济和村域经济,不断提高农业产业化和现代化水平。

第三节　促进小城镇与乡村公共服务融合发展

　　目前,山东省乡村与小城镇的公共基础设施建设还存在差距,部分小城镇的道路、公共服务设施建设与大中城市及县域城市相比还比较落后,持续推进小城镇与乡村的公共基础设施水平提升、联动发展是今后的重要目标和方向。

一是继续深入推动基础设施向小城镇与农村延伸。继续把公共基础设施建设的重点放在农村，着力推进往村覆盖、往户延伸。实施农村道路畅通工程。积极实施较大人口规模自然村（组）通硬化路。加强农村资源路、产业路、旅游路和村内主干道建设。推进农村公路建设项目更多向进村入户倾斜，增强农村交通的便捷可达性。积极实施农村供水保障工程，提高农村居民的饮用水安全水平。加强中小型水库等稳定水源工程建设和水源保护，实施规模化供水工程建设和小型工程标准化改造，有条件的地区推进城乡供水一体化。加大农村电网建设力度，全面巩固提升农村电力保障水平。实施乡村清洁能源建设工程。推进燃气下乡，支持建设安全可靠的乡村储气罐站和微管网供气系统。发展农村生物质能源。加强煤炭清洁化利用。实施数字乡村建设发展工程。推动农村千兆光网、第五代移动通信（5G）、移动物联网与城市同步规划建设。加强乡村公共服务、社会治理等数字化智能化建设。实施村级综合服务设施提升工程。加强村级客运站点、文化体育、公共照明等服务设施建设。开展人居环境整治行动，深入推进乡村道路、厕所、供暖、供电、学校、住房、饮水等"七改"工程，推进农村厕所革命。推动乡村生态环境水平提升。通过在乡村地区建设地区性公园、湿地，加强林木种植，加大禽畜、垃圾、水、土壤等污染治理力度，高标准建设乡村生态环境系统。

二是推动小城镇与乡村公共设施建设制度并轨、标准统一、设施均衡，推进城乡公共服务均等化发展。2021年中央一号文件明确指出，要"提升农村基本公共服务水平。建立城乡公共资源均衡配置机制，强化农村基本公共服务供给县乡村统筹，逐步实现标准统一、制度并轨"。目前，城镇与乡村的基础设施如路、水、电、气、学等设施的规划、建设标准、财政投入来源等仍然存在差别。实施城乡融合发展就是要在区域范围内统一城镇与乡村的基础设施建设规划、基础设施建设标准、资金来源渠道，统一建设标准、建设主体，统一城乡公共设施的管护主体等，做到小城镇与乡村的基础设施规划、投入、建设及管护等体制统一。首先,要完善城乡规划体制,将城市和乡村作为一个整体,统筹考虑城乡发展规划编制,多规合一,解决规划上城乡脱节、重城市轻乡村的问题,比如可以将城镇化发展规划与乡村振兴发展规划等合为一个规划,统筹布局。其次,建立城乡统一的基础设施建设、管护体制。把城乡交通、水利、能源和信息等方面的基础设施,按照统一规划、统一建设、统一经营和统一管理的要求,从区域整体上进行统筹规划,实现乡村基础设施主要由政府投入运营的格局,努力实现城乡基础设施互联互通、共建共享,实现城乡基础设施网络一体化发展,提高资源使用效率与投资效率。最后,建立城乡生态环境一体化建设机制。打破城乡生态环境分治局面,转向城乡一体化的生态环境规划,生态环境建设与治理,将公园、湿地等部分生态产品逐渐向农村地区延伸,改善和提升农村人居环境,推动生态资源在城乡之间均衡化配置、合理化分布,形成城乡居民共享良好生态环境,城乡经济、社会和生态全面协调发展的格局。

三是推进小城镇与农村公共事务的统一与融合发展。统筹城乡公共服务,就是要在城乡之间均衡配置公共资源,形成城乡统一的公共服务制度,为城乡居民提供均等化的基本公共服务。建立农村基础设施和公共服务投入保障机制,逐步形成财政资金稳定增长格局。在城乡居民基本医疗保险并轨的基础上,推动城乡低保、社会救助、抚恤安置等制度统筹,提高农村居民保障水平。优先搞好农民最迫切需要的农村基本公共服务。要完善相关政策,提高公共财政对农村义务教育的保障水平,让城市和农村、发达地区和欠发达地区的儿童都能获得大体均等的义务教育资源,促进城乡义务教育均衡发展。切实加强农村公共卫生服务,提高农民医疗保障水平。完善农村最低生活保障制度、新型农村合作医疗制度,探索建立新型农村社会养老保险制度,解决好被征地农民和农民工社会保障问题,完善农村社会救助制度。近年来,山东省各级政府不断加大对农村地区特别是贫困地区基本公共服务投入力度,群众满意度不断提升,但城乡基本公共服务水平仍然存在较大差距,教育、医疗等是农村居民较为关注的领域。要在教育、医疗等方面不断优化配置城乡公共服务资源、实现城乡基本公共服务均等化发展。

四是统筹推进农业转移人口市民化。加快新型城镇化发展,以城市群为主体构建大中小城市和小城镇协调发展的城镇格局。要积极推进县域城镇化,以县域城镇化带动乡村建设。构建农民工住房保障工作机制,逐步提高公共租赁住房对农民工的定向供应比例。扩大农民工参加城镇社会保障覆盖面,将省内稳定就业的农民工纳入城镇社会保障体系。完善农民工随迁子女报考高中及参加高考的政策,确保在报考高中、参加高考等方面享受与当地学生同等待遇。全面落实转移人口与建设用地、建设资金、转移支付"三挂钩"机制,加快提高户籍人口城镇化率。推进实现居住证制度全省覆盖,对居住证持有者逐步扩大公共服务供给。

第四节　促进小城镇与乡村的要素资源畅通流动

促进小城镇与乡村的各项资源要素畅通流动,关键是出台政策鼓励和引导优秀人才、资金、资源等各类要素在城乡之间双向对流,通过组建联合体、托管、结对子等方式,促进城市优质资源服务下沉,形成人才、资金、产业、信息在城市和乡村双向良性循环的局面,为城乡融合发展注入新动能,形成有利于城乡要素对流及小城镇与乡村发展的体制机制。

第一,通过深化土地制度改革,释放乡村振兴和小城镇建设的土地发展权。当前,要在坚持农村土地集体所有制的前提下,赋予集体土地与国有土地同样的土地使用权。要认识到土地国有制和集体所有制都是社会主义公有制的实现形式,不能因为土地所有权的性质不同而区别对待。

要不断扩大农村集体土地的使用权能,加快土地要素的市场化改革和配置,放开城乡土地的二级交易市场,使农村土地可以出租、抵押、入股。在农用地方面,进一步完善土地经营权的流转和托管机制,创新流转和托管方式,健全农村土地经营权流转交易市场和服务平台,降低农业规模化、集约化经营的交易成本。坚持要素市场化配置的改革方向,更好地发挥政府的公共服务职能,构建包含种植大户、专业合作社、村集体经济组织等多主体参与和覆盖村、镇、县等多层级的土地流转和托管交易系统,充分利用大数据技术,搭建土地供给和需求精准匹配的交易平台,发挥镇级交易服务中心在土地集体外流转和托管过程中的协调、服务和统筹功能。在建设用地方面,健全城乡统一的建设用地市场,完善乡村和小城镇协同发展的用地保障政策。通过集体经营性建设用地入市增加乡村振兴的产业用地供给,建立村镇土地增减挂钩的联动机制,实施城镇建设用地增加规模与吸纳农业转移人口落户数量挂钩政策,构建村镇土地发展权利的共享机制。

第二,加快投融资机制改革,促进资金、资本在城乡之间流动。针对不同的投资类型和投资风险,构建多层次、差异化和市场化的资本配置模式,科学引导不同类型的资本下乡入镇参与乡村振兴和小城镇建设。加大对乡村振兴和新型城镇化建设专项资金的统筹力度,创新融资渠道,灵活运用地方政府债券、城乡融合发展基金和社会资本,优化财政支出结构,推动镇村基础设施的城乡联网和基本公共服务的均等化。更好地发挥政府因势利导的作用,形成与产业需求和风险结构相匹配的投融资机制。成立由政府引导、社会资本参与、市场化运营的产业基金,加大力度鼓励符合条件的农业企业上市融资和发行企业债券。建立县域银行金融机构服务乡村振兴和小城镇发展的激励约束机制,创新金融服务产品,加大融资担保力度,做好承包地经营权、农民住房财产权、农业设施、农机农具等抵押贷款服务。创建良好的营商环境,鼓励和引导工商资本下乡,与金融资本协同参与乡村振兴和小城镇建设。统筹整合各路涉农资金,鼓励、支持乡村建设,探索建立资金投入和使用的长效机制。

第三,深化人才激励和保障机制改革,促进人才在城乡之间的畅通流动。引导事业单位、社会团体、企业等参与乡村建设,鼓励各类科技、文体等人才通过在城乡兼职兼业、离岗创业及定期交流服务等多种形式既为城市工作,又为小城镇与乡村服务。支持优秀规划师、建筑师、工程师及其他专业技术人才投身到乡村建设的实践中。加大高素质农民培训力度,支持职业院校扩大农村定向招生,给予去农村创业就业的人才更高的补贴,强化乡村产业发展人才保障等。利用好党管人才的体制优势,将现有人才政策和创业创新政策延伸并且适当倾斜到镇、村,加快涉农人才评价和人才"引、育、用、留"机制改革,推动人才要素市场化配置改革,激励涉农的政、产、学、研、金、服、用等人才向村镇会聚,发挥好小城镇人才"蓄水池"功能。通过农村生活空间优化、人居环境整治和特色小镇建设,为人才提供良好的生产、生活和生态环境。完善城乡就业创业制度,畅通就业创业渠道,既要鼓励城市各类人才到乡村创业兼业,也要为农民脱离农业农村到城市就业创造条件,促进城乡人口双向流动。

第四,逐步加快数据信息的放开,促进数据信息在城乡之间共享。各级、各地政府部门的大数据首先要实现部门之间的"共享",在此基础上,不断扩大政府向公众公开信息的范围,实现政府与城乡居民之间信息的共享。通过电视、网络、云平台等多种形式向城乡居民介绍各地乡村现状、生态资源等,促使城乡居民了解各地乡村,社会资本投资乡村。整合并做好各类公益信息平台,在升级农村信息基础设施的基础上,引导支持建设各类有益于城乡人民生产生活的大数据信息平台,比如建设影响力强、认可度高、方便实用、连接城乡用户的全国统一的城乡就业创业服务信息平台等。通过在全国范围内实施信息进村入户工程,针对各类人群开展多种类型的信息化培训等,满足农村人口的信息需求。

第五,改革相关制度,形成城乡融合发展的体制机制。形成促进城乡融合发展的体制机制是推动乡村发展、最终实现城乡融合发展的关键。城乡融合发展的制度体系包括诸多方面,是一个复杂的系统,主要的制度包括户籍制度、农村土地管理制度、行政管理体制、对城乡支持的财政及金融体制、城乡的公共基础设施及公共服务投入及管护体制等。2019年4月,国家出台了《中共中央 国务院关于建立健全城乡融合发展体制机制和政策体系的意见》,提出了改革城乡要素的配置机制、乡村经济多元化发展体制等,下一步需要做的是尽快找到这些意见落实的具体路径并推动这些政策真正落到实处。

第五节 促进小城镇与农村文明文化的融合发展

小城镇与乡村的文明文化不仅包括物质文明,还包括生态文明与精神文明。2021年,《中华人民共和国国民经济和社会发展第十四个五年规划和2035年远景目标纲要》首次提出"实施乡村建设行动",并指出要"把乡村建设摆在社会主义现代化建设的重要位置,优化生产生活生态空间,持续改善村容村貌和人居环境,建设美丽宜居乡村"。2021年中央一号文件提出了大力实施乡村建设行动的任务。以上文件对"乡村建设"的内容作出了具体规定。2021年6月1日《中华人民共和国乡村振兴促进法》开始实施,根据其规定,这里的"乡村"是指城市建成区以外具有自然、社会、经济特征和生产、生活、生态、文化等多重功能的地域综合体,包括乡(民族乡、镇)、村(含行政村、自然村)等。因此,"十四五"时期,乡村建设是小城镇与乡村发展面临的共同主题。促进小城镇与乡村的文明文化融合发展是乡村建设的重要内容。

第一,促进小城镇与农村人居环境的不断改善。乡村建设要增强乡村的吸引力,促进小城镇与乡村人居环境不断改善。通过乡村生态景观吸引力的提升、交通可达性的增强、生活基础设施水平的提高、产业的多元化,实现乡村功能价值转变,增强乡村吸引力,为实现乡村振兴提供空间支撑。主要采用以下四个方面的工程:一是交通可达性增强工程。继续推进农村路网建设,道路硬化向每家每户的房前屋后延伸,由"村村通"向"户户通"推进。向每个农户免费发放一定量的水泥进行村庄建设,水泥可以用于修路、修井、修塘、修庭院、建房等。二是乡村生态环境提升工程。设立乡村生态振兴专项基金,高标准建设乡村生态环境系统。通过在乡村地区建设地区性公园、湿地,加强林木种植,加大禽畜、垃圾、水、土壤等污染治理力度,提升乡村生态环境水平。实施乡村清洁能源建设工程。建立与农村垃圾分类投放相适应、回收利用和无害化处理等相衔接的"垃圾不落地"分类收运处置体系。整治乡村公共空间,美化庭院环境,提升乡村人居环境质量。三是乡村基础设施提升工程。开展人居环境整治行动,深入推进乡村道路、厕所、供暖、供电、学校、住房、饮水等"七改"工程,推进农村厕所革命。四是产业多元化发展工程。支持乡村地区产业转型发展,促进农业与工商业、服务业的深度融合。大力发展终端型、体验型、循环型、智慧型新产业新业态。支持乡村生态农业、旅游业及农业上下游产业的发展,带动农民就业。

第二,提升小城镇与乡村的治理能力与水平。首先,要提升党组织领导乡村治理的能力水平。提升党组织和党员领导干部了解乡村、了解基层实际的能力水平,在此基础上,大力推进各级党组织对乡村事务的管理能力和治理水平。加强农村基层党组织标准化建设,应优先提拔扎根农村、与农民感情深厚,熟悉农业规律、产业培育的乡村干部,切实选配好乡镇党委书记队伍。在乡村基层治理中,充分发挥基层党组织的组织力和战斗力。其次,要完善乡村治理体系,实现自治、法治和德治相结合。一直以来,我国乡村就有自治和德治的传统。改革开放以来,我们确立了自治在乡村治理体系中的基础地位。党的十八届四中全会提出全面依法治国的目标以后,乡村治理法治化更成为乡村治理体系的有机组成部分。走好中国特色社会主义乡村振兴道路,一个重要方面,就是必须创新乡村治理体系,走乡村善治之路。乡村治理不仅要维护乡村秩序,还要回应人们对美好生活的新期盼,实现乡村共建共治共享。最后,要根据政策要求积极推进乡村治理。2019 年中共中央办公厅、国务院办公厅印发了《关于加强和改进乡村治理的指导意见》,提出了乡村治理到 2020 年、2035 年的奋斗目标,并提出了十七条主要任务,包括完善村党组织领导乡村治理的体制机制、增强村民自治组织能力、丰富村民议事协商形式、实施乡风文明培育行动、加强农村文化引领、推进法治乡村建设、提升乡镇和村为农服务能力等,内容较为全面和丰富,下一步需要做的是逐步优化乡村治理的具体推进路径,不断完善乡村治理内容,推进城乡融合发展。

第三,推进小城镇与乡村文化文明的融合发展。首先,通过推动城乡教育事业的均衡发展来推动城乡教育均等化,大力发展职业教育,提高乡村农民知识文化水平,积极培育乡村建设所需人才;通过统筹城乡公共文化活动,带动农民积极学习传统文化,并将其运用到现实生活中;通过建设社区活动中心、丰富社区文化活动来促进社区内部文化交流,提高社区凝聚力和文化认同感。其次,积极推进城市与乡村互相学习借鉴,促进城乡文明融合发展。要结合农村实际,推广城市社区治理好经验好做法,探索基层治理的城乡融合新模式。要制定城乡文明互补发展的具体策略,促进城乡文明互补发展。最后,要挖掘由乡情、乡音、乡风、乡贤等构成的中国乡土文化的文明历史内涵价值,保护、利用传统优秀的农耕文化资源,以传统文化方式推进乡村文化振兴与文明建设;在挖掘传统优秀文化的基础上积极践行社会主义核心价值观,大力倡导现代文明理念与生活方式,让每一个乡村、家庭都成为现代生产、生活方式的践行者。

第五章　山东省小城镇发展的历史、现状及机遇分析

纵观国内小城镇发展历程,小城镇发展深受全国经济社会宏观背景和城乡发展差距的影响。改革开放至今是新中国城镇化发展进程的主要阶段,同样也是小城镇获得较快发展的时期。改革开放后尤其是 20 世纪 80 年代中后期之后,山东省小城镇获得快速发展,表现出特色化、组团式、组群式发展等特征。

第一节　山东省小城镇发展的历史及政策过程

自新中国成立 70 多年来,山东省小城镇建设已经经历了六个发展阶段,分别是:新中国成立初期的恢复期(1949—1957 年)、停滞期(1958—1978 年)、再度恢复期(1978—1992 年)、快速发展期(1993—2001 年)、健康有序期(2002—2011 年)、特色化发展期(2012 年至今)。

一、小城镇建设的恢复期(1949—1957 年)

新中国成立初期,山东省主要通过土地制度改革等政策来快速恢复国民经济发展,城乡间的资源要素也开始慢慢流动起来,在此过程中小城

镇建设也得到了初步的恢复发展,其间有数量较多的农村人口进入城镇,特别是 1955 年 6 月国务院出台了《国务院关于设置市、镇建制的决定》,对小城镇的标准作出较为明确的界定。从 1953 年开始,大规模工业化建设使大批农民流入城市,城市人口增长较快,较好地推动了山东省小城镇的规范化发展。

二、小城镇建设的停滞期(1958—1978 年)

由于工业化促使农民大量进入城市,一定程度上出现了"过度城市化"现象。1958 年我国开始实行"政社合一"的人民公社和严格限制城乡人口流动的政策,城乡之间的资源要素流动机会和流动频率越来越少,使得山东省小城镇建设的发展受到了极大的限制。在 1955 年以前,我国没有农村户口和城市户口的区别。1954 年,中国颁布实施第一部宪法,规定公民有"迁徙和居住的自由"。1955 年 6 月,国务院发布了《关于建立经常户口登记制度的指示》的文件,要求全国城市、集镇、乡村都要建立户口登记制度,开始实行统一全国城乡的户口登记工作。1956—1957年,国家接连发布了 4 个限制农民盲目流入城市的文件,对农民进入城市的流动做了较为严格的限制。1958 年 1 月,《中华人民共和国户口登记条例》开始实施,中国政府逐步对人口自由流动实行严格限制和政府管制。第一次明确将城乡居民区分为"农业户口"和"非农业户口"两种不同户籍。同时,为减轻城市供给负担,国家于 1960—1963 年实施了压缩城镇人口的调整措施。1963 年,国家发布《关于调整市镇建制、缩小城市郊区的指示》的文件,提高了建镇标准,规定常住人口在 3000 人以上、非农人口占 70%以上的居民居住区或者人口在 2000—3000 人之间、非农人口在 85%以上的地区才算城镇。建镇标准的提高使城镇数量大幅度减少。在 1966—1976 年"文化大革命"期间,社会经济发展几乎停滞,山东省小城镇建设受到了严重危害,小城镇建设几乎处于停滞状态,城镇化发展速度较慢,城镇化率从 1958 年的 16.2% 上升到 1978 年的 17.9%,20 年间城镇化率才上升了 1 个多点。

三、小城镇发展的再度恢复期(1978—1992 年)

1978 年我国以农村产权制度改革为开端开启了改革开放的重大历程,全省的工作重心开始重新恢复到经济建设工作上来,中断了近 20 年的城乡资源要素的流动得以恢复。20 世纪 80 年代是我国小城镇发展的起步阶段。1978 年全国第三次城市工作会议提出"控制大城市、多搞小城镇"的方针。为了改变城乡分立、大中城市基础设施建设滞后等局面,1980 年 12 月,国务院批转《全国城市规划工作会议纪要》,提出了我国城镇建设发展的方针,"控制大城市规模,合理发展中等城市,积极发展小城市"。1983 年,费孝通先生提出"加强小城镇建设是中国城镇化的必由之路"的观点,认为要以小城镇为主,大中小城市为辅解决农村剩余劳动力问题,在当时的历史条件下,这一观点获得了政府、社会的认同。从 20 世纪 80 年代中后期开始,部分农村人口进入城镇发展乡镇企业,乡镇企业遍地开花式的发展大大促进了小城镇化的快速发展,山东省小城镇人口也开始大幅增加。

四、小城镇的快速发展时期(1993—2001 年)

1992 年党的十四大提出了"建立社会主义市场经济体制"的发展目标。1993 年国家出台了《中共中央关于建立社会主义市场经济体制若干问题的决定》,我国正式确立了以社会主义市场经济体制改革为方向的改革进程,同时,文件要求"加强规划,引导乡镇企业适当集中,充分利用和改造现有小城镇,建设新的小城镇"。1998 年 10 月《中共中央关于农业和农村工作若干重大问题的决定》中提出"发展小城镇,是带动农村经济和社会发展的一个大战略",小城镇发展越来越受到政府的重视。同时,中央也放松了对小城镇的户口管理,1997年6月,国务院批转公安部《小城镇户籍管理制度改革试点方案和关于完善农村户籍管理制度的意见》。根据方案,已经在小城镇就业、居住并符合一定条件的农村人口,可以在小城镇办理城镇常住户口。2000年6月,中共中央、国务院下发了《关于促进小城镇健康发展的若干意见》,规定"从2000年起、凡在县级市市区、县人民政府驻地镇及县以下小城镇有合法固定住所、稳定职业或生活来源的农民,均可根据本人意愿转为城镇户口,并在子女入学、参军、就业等方面享受与城镇居民同等待遇,不得实行歧视性政策"。

根据中央精神,2000年7月,山东省委、省政府相应出台了《关于加快城市化进程的意见》,提出合理发展大城市,重点发展中小城市,积极发展小城镇,形成大中小城市和小城镇协调发展的城镇网络,切实提高城市化水平和质量,充分发挥城市在经济和社会发展中的带动作用。这确立了小城镇建设在城镇化进程中的重要作用和地位,从而推动了山东省小城镇建设步入全新发展阶段。

五、小城镇的健康有序发展时期(2002—2011年)

2002年党的十六大提出了统筹城乡发展的重大战略部署,并提出了"要逐步提高城镇化水平,坚持大中小城市和小城镇协调发展,走有中国特色的城镇化道路"的政策意见。从20世纪90年代开始,各省份就开始自发地进行了乡镇撤并,目的是精简机构,转变政府职能。为了做好这项工作,2001年民政部等七部门下发了《关于乡镇行政区划调整工作的指导意见》,要求乡镇行政区划调整要坚持实事求是、稳妥有序的原则。虽然这一时期中央的政策是"大中小城市和小城镇协调发展",但是实际上随着社会主义市场经济体制的逐步确立,大中城市的规模效应发挥显著,大中城市尤其是大城市的发展速度非常快,而小城镇的发展速度则相对较慢。

这一时期,山东省也开展了乡镇合并工作,2000 年全省共有 1978 个乡镇,到 2006 年全省乡镇数量减至 1466 个,到 2011 年减至 1246 个。乡镇撤并后乡镇数量逐渐减少,机构得到精简,办事效率得到提高;降低了行政成本,减轻了农民负担;农村城镇化建设逐步发展。镇域人口规模增加,避免了小城镇建设各自为政、布局分散等弊端。

六、小城镇的特色化发展时期(2012 年至今)

2012 年党的十八大提出了建设新型城镇化发展的战略,2014 年国家制定了《国家新型城镇化规划(2014—2020 年)》,提出了要加强中小城市和小城镇的交通等基础设施建设,有重点地发展小城镇。这一时期,小城镇向特色化、生态化、人文化等方向发展,国家通过评选全国特色示范镇以及出台规范文件等推动小城镇向特色化、生态化方向发展。党的十八大以来,山东省政府加强了对小城镇发展的扶持和引导,相继出台了《关于大力推进新型城镇化的意见》《山东省创建特色小镇实施方案》《山东省发改委关于开展山东省服务业特色小镇试点工作的通知》《山东省设立新的中小城市试点方案》《山东省新型城镇化规划(2021—2035 年)》等一系列政策文件,通过对乡村振兴示范镇、特色小镇进行创建和评选,给予资金扶持等措施,强化重点镇的发展,强化小城镇的公共服务和居住功能等,推进以人为核心的城镇化发展,小城镇建设受到前所未有的重视,发展速度和质量不断提升。

近些年来,山东省立足小城镇发展现实状况,通过比较分析与 GDP 第一梯队省区浙江、江苏、广东小城镇建设的资源禀赋差异,取长补短,选择了一条政府主导型的小城镇建设道路。具体而言,通过强化政府在四个维度的引导和资源调配作用,即以镇域为主体优化区域经济结构、以特色产业加快推进小城镇发展、以制度创新推进小城镇发展、实现小城镇发展由"外延拓展"向"内涵提升"转变,形成一揽子、制度化、高效率做法,改变了以往政府主导短期行为的输血不足,形成政府主导长效机制的造血发展,服务于山东省小城镇建设目标。

第二节　山东省城镇化及小城镇发展的现状分析

推进城镇化健康快速发展,是山东省实现由大到强战略性转变的重要途径。山东省城镇化发展总体稳健,城镇体系相对合理,城镇基础设施建设、城乡公共服务水平不断提升。但与先进省份相比,山东省大城市辐射带动能力不强、小城镇力量较弱,常住人口城镇化率还较低。

一、山东省城镇化发展的总体状况及特征

山东省是人口大省,2021 年山东省常住人口为 10169.99 万人,城镇常住人口 6502.69 万人,常住人口城镇化率为 63.94%。改革开放以来,随着经济发展,山东省城镇化走上了快速发展的道路。尤其是 2000 年以来,城镇化速度加快发展,城镇化率由 2000 年的 40.2% 提高到 2021 年的 63.94%①,提高了 23.74 个百分点,2010—2021 年,常住人口城镇化率年均增长 1.29 个百分点。2021 年山东省城镇化率略低于全国 64.7%②的水平,比江苏、浙江、广东等省的 73.94%、72.7%、74.63%③的城镇化率低 10 个点左右。由于山东省人口基数大,农村人口规模庞大,农村常住人口为 3751.3 万人,城镇化率提高 1 个百分点的人口数,相当于浙江省提高 2 个百分点,因此,山东省城镇化的任务较重,发展

---

① 数据来源于《2022 年山东省统计年鉴》。本章关于山东省人口数量、城镇化率、城乡居民收入、城市产业结构的数据均来自相关年份的《山东省统计年鉴》。
② 数据来源于《2022 年中国统计年鉴》。
③ 数据来源于《2022 年江苏省统计年鉴》《2022 年浙江省统计年鉴》《2022 年广东省统计年鉴》。

速度处于全国平均水平。

（一）城镇体系日趋合理完善

2021 年，山东省下辖城市 42 个，有 16 个地级市，26 个县级市，52 个县，696 个街道办事处，建制镇 1072 个，乡 57 个（见表 2-1）。近几年山东省大力推进大城市建设，积极合理发展中小城市，择优培育重点镇，发展城市群，凸显城市带，在城镇化格局上初步建立起了以新型社区（居委会）为基本单元，城市群、区域性中心城市、县域中心城市、小城镇、新型社区五个层次的城镇体系。国务院 2014 年 10 月印发的《关于调整城市规模划分标准的通知》，对城市规模标准进行了调整，将大城市人口的下限从 50 万人提高到 100 万人，将特大城市的下限标准从 100 万人提高到 500 万人。根据新标准，山东省市辖区人口超过 500 万人的特大城市有 2 个：济南市和青岛市；市辖区人口规模超过 100 万人的大城市有 10 个：烟台市、临沂市、淄博市、潍坊市、济宁市、聊城市、枣庄市、德州市、泰安市、威海市；市辖区人口规模在 50 万—100 万人的中等城市有 8 个，市辖区人口规模在 20 万—50 万人的小城市有 41 个，20 万人以下的小城市有 33 个。另外，随着城市之间的经济联系越来越密切，山东城镇集群式、组团式发展格局越来越明显，城市群内不同城市之间的联系日益密切。截至目前，基本形成了以城市群为主，大中小城市和小城镇协调发展的城镇体系。在全国各省区中，山东省大中城市数量最多而且分布较为均衡，中等城市实力较强，省域城镇体系梯次明显。

表 2-1　2021 年山东省行政区划数量

地区	县级市	县	街道办事处	乡	镇
全省	26	52	696	57	1072
济南市	0	2	132	0	29
青岛市	3	0	108	0	36

地区	县级市	县	街道办事处	乡	镇
淄博市	0	3	31	0	57
枣庄市	1	0	21	0	44
东营市	0	2	15	2	23
烟台市	6	0	65	6	82
潍坊市	6	2	61	0	59
济宁市	2	7	49	4	103
泰安市	2	2	20	6	62
威海市	2	0	24	0	48
日照市	0	2	16	4	35
临沂市	0	9	30	6	120
德州市	2	7	29	14	91
聊城市	1	5	32	5	98
滨州市	1	4	29	4	58
菏泽市	0	7	34	6	127

资料来源:山东省统计局、国家统计局山东调查总队编:《2022 年山东省统计年鉴》,中国统计出版社 2022 年版,第 3 页。

(二)就近、就地城镇化特色明显,特色城镇、小城镇建设地位日益重要

　　山东省经济发达,2021 年全省 GDP 为 83096 亿元,居全国第 3 位,按可比价计算增长了 8.3%,增速高于全国 8.1% 的平均水平。人均 GDP 为 81707 元,高于全国 80976 元的平均水平。一般公共预算收入 7284.5 亿元,增长 11.0%。山东省产业结构不断优化,三次产业结构由 2015 年的 8.9:44.9:46.2 调整为 2021 年的 7.3:39.9:52.8,服务业占比进一步提升,"三二一"产业结构不断稳固。工业化水平不断提升,2021 年全省工业增加值 27243.6 亿元,相对发达的产业水平为居民提供了较多的就业机会,城镇就业形势基本稳定。山东省跨省流动人口少,农村剩余劳动力就地就近转移比例较高,本地城镇化、县域城镇

化特征明显。目前,许多在县城或乡镇打工的 70 后、80 后、90 后农民工在乡镇或县城买房定居,在部分地区的农村,能在城镇买房成为婚嫁的条件之一。据统计,全省流动人口中约有 85% 在省内转移,高于全国平均水平近 18 个百分点,就业稳定性比较高。2021 年,山东居民收入为 35705 元,其中,城镇居民人均可支配收入达到 47066 元,农村居民人均可支配收入是 20794 元,城乡居民收入比为 2.26,低于全国城乡居民人均可支配收入比 2.5 的水平。就地就近城镇化过程中,居民迁移前后的地理环境、语言文化、生活习俗较为相似,迁移人口能够更快更好地融入城镇生活,避免了异地转移带来文化观念、生活习俗差异大的问题,但是依托新型农村社区和小城镇进行就地转移也有其自身的弱点:小城镇占用的土地面积较多,容易导致土地资源的浪费,小城镇规模小,人口聚集力不强等。

（三）城乡基础设施建设水平不断提升

城镇基础设施在构建经济高效、环境友好、社会和谐城镇中具有不可替代的作用。在交通运输方面,党的十八大以来,山东省不断加大投入,截至 2021 年年底,累计完成交通运输投资超过 1.3 万亿元。① 深入实施山东省综合交通网中长期发展规划,加快重大交通基础设施建设,实施了一大批重大铁路建设项目,客运方面,形成了"两横两纵"环鲁高铁网,先后建成青荣城际铁路、石济客专、济青高铁、青连铁路、鲁南高铁、潍莱高铁等一批重大高铁项目;货运方面,形成了"四纵四横"铁路网,"四纵":即京九通道、京沪通道、蓝烟—胶新通道、东部沿海（烟台—威海—青岛—日照—连云港）通道。"四横"即德龙烟通道、邯济—胶济通道、菏兖日通道、山西中南部铁路通道,"四纵四横"货运铁路网全部实现电气化。截至 2021 年年底,全省铁路运营里程达到 7270 公里,其中高速铁路运营

---

① 数据来源于山东省交通运输厅党组书记、厅长孟庆斌在 2022 年 10 月 13 日上午举行的"山东这十年"新闻发布会上的讲话。

里程达到 2319 公里,居全国第 3 位。① 基础设施互联互通程度进一步提高,高速公路通车里程达到 7477 公里,居全国第六位,六车道以上占比提升到 30%,实现"县县通高速"。在 2021 年度国家公路网技术状况监测中,山东高速公路、普通国道、国家公路网技术状况均位居全国第一。现代化机场群基本形成。全省民用运输机场数量达到 10 个,居华东地区首位,形成"两枢一干七支"机场格局。②

数字强省和数字基础设施建设快速发展。山东省高度重视数字经济发展。2018 年 10 月 31 日,山东省大数据局成立。2021 年 7 月,《山东省"十四五"数字强省建设规划》发布,对"十四五"时期山东省数字强省建设的目标任务、重大项目、重大工程、推进措施等做了整体设计。2022 年 5 月,济南市、青岛市国家级互联网骨干直联点建成开通,山东省成为全国唯一一个拥有 2 个国家级直联点的"双枢纽"省份,入围 4 个国家级"双跨"工业互联网平台,数量占全国七分之一。数字政府建设深入推进,"互联网+政务服务"的广度和深度不断拓展,"一网通办"成为常态。全省依申请政务服务事项网办率达到 90% 以上、全程网办率超过 80%,2700 多个事项实现全程无人工干预"秒批秒办"。智慧城市、智慧社区建设全面展开,数据创新应用正走进千家万户。全省 16 个设区市、70% 以上的县(市、区)达到省级新型智慧城市标准三星级以上,推出义务教育入学报名实现"网上办"、社保待遇领取资格实现"静默认证"、企业开办"一窗通"、惠企政策"一键达"等一大批便民利企的智慧应用场景。数字乡村建设进一步加快速度。截至 2021 年年底,山东省高速光纤网百分之百覆盖行政村,农村未通宽带行政村实现"动态清零",宽带达到 500 兆

---

① 数据来源于山东省交通运输厅党组书记、厅长孟庆斌在 2022 年 10 月 13 日上午举行的"山东这十年"新闻发布会上的讲话。

② 数据来源于山东省交通运输厅党组书记、厅长孟庆斌在 2022 年 10 月 13 日上午举行的"山东这十年"新闻发布会上的讲话。

的乡镇占比高于95%,行政村4G网络覆盖率达100%。[①]

城市市政公用设施承载能力不断提升,城市供水、供热、污水处理等基础设施水平进一步提升。截至2021年年底,山东全省城市供水普及率99.9%,城市燃气设施方面,强化气源保供,基本完成老旧管网改造,建设智慧化燃气安全监管系统,城市燃气普及率达到99.3%,管道燃气普及率89.4%,建成区绿化覆盖率达到43%,人均公园绿地面积达到17.9平方米。城市市政公用设施建设取得了显著成效。但同时还存在一些短板和问题,比如设施标准不高、分布不均、养管精细化不足、安全韧性不强等。

(四)城乡公共服务一体化水平明显提升

山东省把公共服务均等化作为农业转移人口市民化的核心任务,推进教育、医疗、养老、住房等基本公共服务常住人口全覆盖。

一是保障"学有所教"。义务教育学校办学条件不断改善。"十三五"时期全省累计新建改扩建中小学校4064余所,新增中小学学位354万个,中小学"大班额"问题得到基本解决。[②] 积极推进城乡义务教育的统筹发展,提升每一个县域教育均衡水平。推动实现城乡义务教育学校建设标准、教师编制标准、生均公用经费基准定额、基本装备配置标准"四个统一"。不断完善配套幼儿园环境条件,新建改扩建幼儿园、中小学,增加学位。截至2021年年底,中小学56人及以上大班额保持"动态清零"。农村教师工作生活条件不断改善。小学教育、初中教育、高中教育专任教师分别为46.8万人、31.6万人和15.6万人。[③]

二是保障"劳有所得"。山东省深入实施就业优先战略,经济发展就

---

① 数据来源于山东省《"十四五"数字强省建设规划》,见 http://www.shandong.gov.cn。

② 数据来源于《"十三五"时期山东城镇化发展情况》,山东省统计局网站,见 http://tjj.shandong.gov.cn/art/2021/9/19/art_214629_10290540.html。

③ 数据来源于《2021年山东省国民经济和社会发展统计公报》,山东省统计局网站,见 http://tjj.shandong.gov.cn/col/col6196/index.html。

业导向突出,就业体制机制不断健全。2019 年实施了"山东省就业创业能力提升 3 项行动"(山东省高校大学生就业创业培训行动、山东省农民工职业技能提升行动、山东省企业职工岗前培训行动),还实施创建"四型就业社区"活动(就业充分型、创业活跃型、平台智慧型、服务标准型),加强社区就业创业服务,实现更高质量和更充分就业。城镇就业规模持续扩大,2021 年年底全省就业人数超过 5500 万人,城镇新增就业年均超过 120 万人,约占全国十分之一。城乡就业格局发生历史性改变,城镇就业人员比重由 46.5% 上升到 60.7%,失业水平保持低位,城镇登记失业率控制在 4% 以内,调查失业率保持在 5.5% 左右。①

三是保障"病有所医"。全面推进健康山东行动,2021 年制定了《加快健康强省建设推进方案》《健康山东行动 2021 年推进工作计划》,全省所有城市均达到省级卫生城市标准。深入实施《"健康山东 2030"规划纲要》,2021 年启动实施公共卫生服务能力三年提升行动,印发《山东省公共卫生服务能力三年提升行动计划(2021—2023 年)》,启动实施公共卫生学院、疾病预防控制能力、公共卫生人才、精神卫生、学校卫生、重大传染病应对和医疗机构公共卫生"七大提升行动"。2021 年年末职工基本养老、基本医疗、失业、工伤、生育保险参保人数分别为 3226.7 万人、2435.6 万人、1542.7 万人、1921.9 万人和 1607.5 万人。居民基本养老保险和医疗保险参保人数分别为 4614.1 万人和 7296.7 万人。居民基本医保财政补助和个人缴费最低标准分别由 550 元、280 元提高至 580 元、320 元。②

四是保障"老有所养"。山东省颁布实施了《山东省养老服务条例》,

---

① 数据来源于山东省人力资源和社会保障厅党组成员、副厅长潘文勇在 2022 年 10 月 8 日举办的"山东这十年"新闻发布会上的讲话。

② 数据来源于《2021 年山东省国民经济和社会发展统计公报》,山东省统计局网站,见 http://tjj.shandong.gov.cn/art/2022/3/2/art_6196_10305865.html。

省政府及有关部门出台支持文件 50 余个,全面优化养老服务政策环境。2013 年起在全国率先设立省级养老服务专项资金,从资金、土地、税费、信贷等方面进行全方位扶持,持续开展养老服务机构服务质量提升行动,服务质量全面提升。持续提升企业退休人员、城乡居民等的基本养老金水平,截至 2021 年年底,企业退休人员基本养老金月人均 3127.2 元。居民基本养老保险基础养老金最低标准提高到每人每月 150 元,城市最低生活保障人数 10.9 万人,月人均保障标准 814 元。农村最低生活保障人数 134.9 万人,月人均保障标准 634 元。养老服务供给持续增加,截至 2021 年年底,养老机构达 2380 处,养老机构床位 40.3 万张。建有社区老年人日间照料中心 3252 处、农村幸福院 11260 处。① 养老服务改革创新深入推进。全省先后有 14 市入选国家居家和社区养老试点市,数量居全国前列。

五是保障"住有所居"。党的十八大以来,山东省持续进行房地产开发投资,年均销售商品房 1.16 亿平方米以上,城乡居民人均住房面积从 35.8 平方米增长到 2021 年年底的 41.3 平方米。② 2019 年出台了《推进城镇住房保障家庭租赁补贴工作指导意见》,首次将城镇中等偏下收入住房困难群体、新就业无房职工和稳定就业外来务工人员纳入补贴范围,截至 2020 年 9 月底,全省政府投资公共租赁住房已分配入住 19.7 万套,分配入住率达到 96%。③ 山东省大力实施城市品质提升三年行动和城市更新行动,推进城市内涵式、集约型、绿色化发展,加快建设宜居、绿色、韧性、智慧、人文城市,促进城市建设成果全民共享,推动大中小城市发展齐

---

① 数据来源于《2021 年山东省国民经济和社会发展统计公报》,山东省统计局网站,见 http://tjj.shandong.gov.cn/art/2022/3/2/art_6196_10305865.html。

② 数据来源于山东省住房和城乡建设厅党组书记李力在 2022 年 9 月 30 日举办的"山东这十年"新闻发布会上的讲话。

③ 数据来源于山东省住房和城乡建设厅副厅长王润晓在山东省政府举办的"十三五"成就巡礼新闻发布会上的讲话。

头并进,市容市貌焕然一新,城市承载力、宜居性和包容度不断增强。

　　总体来看,山东省城镇化发展取得了显著的成效,但是仍存在一些不足,具体表现如下:城镇化水平与先进省份的差距仍然较大。城镇体系尚不完善,中小城镇力量不强。山东省中小企业和民营企业同江苏、浙江、广东等省相比量少且实力弱,从根本上制约了农村剩余劳动力向城镇转移,制约了城镇化的发展。

二、山东省小城镇发展的现状

　　近些年来,在省委、省政府的引导扶持下,山东省小城镇建设取得一定成效,但是相比于大城市,小城镇本身有着人口少、集聚效应相对偏低等特征,在大城市巨大的吸引力下,小城镇的发展仍面临较多困难。

　　(一)山东省小城镇空间布局基本状况

　　截至 2021 年年底,山东全省共有建制镇 1072 个。全省 16 个地市中,建制镇数量过百的有菏泽市、临沂市和济宁市,分别为 127 个、120 个和 103 个;建制镇数量最少的是济南市和东营市,分别为 29 个和 23 个。[①]截至 2020 年年底,全省建制镇镇域面积 11.75 万平方千米,占全省国土面积的比重为 74.44%,建制镇建成区面积合计 0.4 万平方千米,占镇域面积的 3.4%,[②]城镇化建设向土地集约化方向发展。从国土面积看,小城镇的镇域面积占全省总量的一大半江山,小城镇的发展在山东省经济社会发展中具有举足轻重的地位。山东省城镇体系不断调整,建制镇的数量由 1982 年的 97 个增加到 2000 年的 1978 个。2000 年以来,山东省进一步调整城镇体系空间布局,不断撤并乡镇、扩权强镇,到 2012 年年

　　① 山东省统计局、国家统计局山东调查总队编:《2022 年山东统计年鉴》,中国统计出版社 2022 年版。
　　② 山东省发展和改革委员会周连华主编:《山东省新型城镇化报告(2021)》,中国计划出版社 2022 年版。

底,全省共有 1094 个镇,113 个乡,至此,小城镇的建制逐步稳定下来,到 2021 年全省有 1072 个镇,57 个乡,相比 2000 年建制镇数量减少了 45%。通过实施乡镇撤并,镇域范围面积进一步扩大,镇域人口大幅度增加,小城镇扩大了规模和实力。全省 16 市中,临沂建制镇的镇域面积最大,为 1.42 万平方千米,枣庄面积最小,为 0.41 万平方千米。

2020 年,山东省镇域常住人口为 5429.74 万人,户籍人口达到 5688.76 万人,占全省比重分别为 53.41%、55.92%,从人口数量看,全省镇域常住人口占全省常住人口比重过半,部分地市镇域常住人口占比超过 80%,建制镇对全省常住人口城镇化水平贡献度为 26.9%。总体来看,2017 年以来全省建制镇常住人口整体呈现波动减少的特征,户籍人口总体稳定,建制镇人口流失较为显著。从全省来看,建制镇的人口规模普遍较小,聚集效应不强。2020 年,山东省有 49.63% 的建制镇不足 1 万人,38.5% 的建制镇介于 1 万—3 万人,有 8.13% 建制镇介于 3 万—5 万人,有 3.74% 的建制镇常住人口在 5 万人以上。镇域人口数量较少,对周边区域的人口、资源和资金的辐射带动能力水平较低,不利于城镇功能的发挥。建制镇的城镇化率还处于较低水平,各市差异较大。镇域常住人口和户籍人口城镇化率分别为 29.98% 和 26.35%。从各市建制镇来看,威海市的常住人口城镇化率最高,为 46.16%;枣庄户籍人口城镇化率最高,为 37.56%;菏泽市常住人口和户籍人口城镇化率最低,分别为 21.81% 和 19.96%。[①]

(二)山东省小城镇建设基本状况

经过多年发展,山东省小城镇建设面貌发生很大改变。城镇基础设施逐步完善,居民生活水平逐步提高,蓝天、白云、绿树,从鲁东沿海地区

---

① 　山东省发展和改革委员会周连华主编:《山东省新型城镇化报告(2021)》,中国计划出版社 2022 年版。本节关于山东省小城镇人口、道路、面积以及经济发展指标的数据都来源于此书。

到鲁西平原地区都焕发出勃勃生机。小城镇镇域内基础设施水平和公共服务水平不断提升。城镇建设投资总额大幅上涨,2020 年,全省建制镇建设投资总额 996.55 亿元,镇均建设投资额 9304.85 万元,增长约 1300 万元。各市镇均建设投资额差异较大,最高的青岛市(2.91 亿元)是最低聊城市(0.38 亿元)的 7.7 倍,相差 2.53 亿元。自 2016 年以来,全省建制镇建设投资中用于市政公用设施建设的投资总额不断下降,由 225.89 亿元下降到 2020 年的 210.23 亿元。房屋建设投资由 2016 年的 584.26 亿元提高至 2020 年的 786.32 亿元。供热、供气、供水、地下管网等与居民生活相关的基础设施建设和公共服务供给水平进一步提升,供水普及率达到 94.19%,生活垃圾处理率达到 98.78%,无害化的处理率达到了 96.02%,污水处理率达到 71.16%,污水处理厂的污水处理率达到了 55.33%。16 市中青岛、东营、济宁、泰安、威海和日照 6 市建制镇生活垃圾处理率和无害化处理率均达 100%。

山东省小城镇道路建设面积和建设水平不断提升,2020 年山东省建制镇市政公用设施建设投资中用于道路桥梁建设的额度最多,为 63.37 亿元,占建制镇市政公用设施建设投资总额的比例为 30.14%。其次是排水和绿化,投资额分别为 29.20 亿元和 25.53 亿元,占建制镇市政公用设施建设投资总额的比例分别为 13.89% 和 12.14%。镇域内村庄道路建设和改造水平不断提升,截至 2021 年年底,全省农村公路总里程达到 26 万公里,较 2012 年年底新增 4 万公里,位居全国第四;农村公路密度达 165.56 公里/百平方公里,位居全国第三。2012 年以来,全省先后开展了农村公路网化示范县、千村公路扶贫、农村公路"三年集中攻坚""提质增效"等一系列专项活动,农村公路发展速度、网络规模、管理水平全面提升,行政村通沥青(水泥)路率达到 100%,具备条件的自然村全部通上硬化路。全省具备条件的建制村全部实现通客车,农村客运公交化改造率达 94% 以上,城乡道路客运一体化达到 AAAA 级以上的县

（区）占比达 100%，农村居民在家门口就能坐上班车。全省县、乡物流网络节点覆盖率达 100%，在全国率先实现 5.4 万个行政村"快递进村"全覆盖。

小城镇的绿化水平明显提升，生态环境水平持续好转。2020 年建制镇人均公园绿地面积达到 5.08 平方米，较城市人均公园绿地面积低 9.79 平方米，建成区绿化覆盖率达到了 24.55%。一批公共绿地、公园在城镇建设启用，一批公共文化娱乐设施也从镇区建设延伸至部分村居，部分城镇产业园区内布局了一些农产品加工、特色产业，带动社会力量开发建设特色餐饮、购物中心、商务中心等。

（三）山东省城镇经济发展基本状况

山东是农业大省，镇域农业产业发展优势较为突出，农业产业强镇居全国首位。根据农业农村部办公厅、财政部办公厅发布的 2021 年农业产业强省建设名单，全国共有 298 个镇（乡）在列，山东省有 19 个镇入选，占比 6.38%。自 2018 年以来，山东省累计共有 78 个镇（乡）入选农业产业强镇建设，居全国首位（占比 7.03%）。山东省"一村一品"示范镇和乡村特色产业十亿元镇建设全国领先。2021 年 10 月，农业农村部发布第十一批全国"一村一品"示范村镇和 2021 年全国乡村特色产业十亿元镇亿元村名单，认定 399 个村镇为第十一批全国"一村一品"示范村镇。其中，山东省有 23 个"一村一品"示范村镇，入选数量低于广东（24）个，和河南省、四川省并列全国第二；有 50 个乡村特色产业十亿元镇，数量居全国第一位，较第二位江苏多 29 个。

山东省小城镇经济发展水平较高，百强镇和千强镇数量均位居全国第四，但与苏浙粤相比，山东省小城镇的经济发展水平还有待提升。根据中小城市发展指数研究课题组和国信中小城市指数研究院发布的 2021 年全国千强镇名单，全省共有 66 个建制镇入选千强镇，5 个建制镇入选百强镇（见表 2-2），数量位居全国第四。千强镇低于江苏省（267 个）、浙江省(233 个)、广东省(118 个),百强镇数量与江苏省(36 个)、广东省(32 个)差距较大,与浙江省(13 个)相比也有一定差距。

表 2-2　2021 年山东省建制镇入选全国百强镇一览表

排名	城市	百强镇
45	济宁市	新兖镇
49	淄博市	金山镇
64	威海市	小观镇
91	青岛市	泊里镇
94	潍坊市	侯镇

近些年来,山东镇域经济范围内产业分工专业化水平日益提升,科学技术应用水平提高,企业生产规模不断壮大,发展质量持续提升,产业链条不断加粗、加长、拓展、延伸,研发、物流等现代化服务产业也处于蓬勃发展中,各种新型生产性服务业开始大量出现,产业体系日益健全,产业聚集度也越来越高,在全省新旧动能转换的大背景下小城镇经济发展质量不断得到提升。山东省政府主导型小城镇建设有力地促进了县域、镇域经济发展,小城镇逐渐成为区域经济发展和产业竞争的重要一环,但是小城镇发展区域不平衡性依然比较明显,具体表现在:从经济实力分析,东部地区青岛市、烟台市、威海市及潍坊市等小城镇发展水平较高,西部地区的菏泽市、济宁市、聊城市等地相对较低。例如,青岛市 2021 年城镇居民人均可支配收入达到 60239 元,农村居民人均可支配收入达到 26125 元;2021 年菏泽地区城镇居民人均可支配收入达到 31872 元,农村居民人均可支配收入达到 16872 元;青岛市城乡居民收入大约是菏泽市城乡居民收入的 2 倍。从进入全国的特色小镇来看,山东省域内东中西部地区发展也不平衡。以 2021 年山东省 22 个入选全国特色小城镇为例,东部地区有 25 个小城镇入选,占 33.3%;中部地区有 29 个小城镇入选,占 43.9%;西部地区有 12 个小城镇入选,占 22.8%。

第三节　山东省小城镇发展面临的
机遇与挑战

尽管山东省小城镇的人口规模普遍偏小,但数量众多、分布广泛、贴近乡村,是最为便捷可及的城镇化承载空间。与大中城市和县级市相比,小城镇在空间分布上具有更好的均衡性和覆盖性,为农业人口的就地就近转移提供条件,有助于降低城镇化的信息成本和社会成本。

一、山东省小城镇发展面临的机遇

一是山东省小城镇发展面临重要的政策机遇。小城镇在城乡规划法中被划入城市范畴。长期以来在带动农村发展方面发挥了重要作用。山东省近些年来出台了多项促进小城镇发展的政策措施,为小城镇的发展提供了政策机遇。2022 年 12 月山东省人民政府办公厅印发了《关于开展小城镇创新提升行动的意见》,提出了坚持因地制宜、示范引领、分类施策,选取 20 个左右位于大城市周边、能有效承接城市功能转移的镇,开展卫星镇试点;选取 40 个左右产业基础雄厚、城市功能完备的镇,开展县域次中心镇试点;选取 40 个左右在文化、生态、矿产、农业等方面具备独特资源禀赋的镇,开展特色专业镇试点,强化政策扶持,着力对 100 个试点镇进行培育提升。2023 年 1 月,根据国家相关政策,山东省政府办公厅印发了《关于推进以县城为重要载体的城镇化建设若干措施》,提出了 30 余项具体工作部署,对提升县城智慧化、绿色化、均衡化发展水平发挥了重要作用。国家及山东出台的一系列政策措施为山东小城镇的发展提供了重要的政策机遇。

二是山东省小城镇发展面临重要的阶段性机遇。从 20 世纪 90 年代中期逐步确立市场经济体制以来,山东省大中小城市都得到了快速发展,但是发展的速度还是有差别的,济南市、青岛市等大城市发展速度最快、中等城市发展速度次之,小城镇发展速度最慢。之所以出现上述发展差异,一方面是市场力量的作用,大城市市场的集聚和辐射能力更强,发展最快,而小城镇集聚能力较低,所以发展较慢;另一方面,体制因素、政府力量也起了重要作用。济南市、青岛市等大城市拥有更多权力和资源能吸引好的企业项目和人才去发展,小城镇则没有这些有利因素;而且市场经济体制改革以来,政府实行和鼓励的是"一部分人和一部分地区先富起来,先富带后富"的政策,在政策上向省内大城市倾斜。因此,大城市首先发展起来了。大城市发展到一定阶段后,必然要求带动中小城市的发展,否则,大城市的无限扩张会带来各种各样的问题。因此,近些年来,国家及山东省都出台了促进小城市发展的系列政策。促进区域协调、城乡协调发展是山东省经济社会发展的重要任务,在这种背景下,今后一段时期,推动小城镇的快速发展将是政府的战略重点。

三是山东省小城镇发展有较好的经济基础。山东省处于东部沿海地区,2021 年经济总量达到 82875 亿元,居全国第三位,经济相对较为发达。农业发达,农业产业的生产总值连续三十多年来领跑全国,地级市和和县域经济发展较好,但是小城镇发展不强。目前,山东省正在全力打造乡村振兴的齐鲁样板,乡村振兴战略的实施会带动农村地域的加快发展。山东省小城镇的发展既有良好的大中城市发展的示范和带动,又有基础发达的农业和农村经济的支撑,小城镇"乡头城尾"链接的两端大中城市和农村发展基础与前景都十分广阔,山东省小城镇的发展速度在提升。多年来,山东省小城镇的镇域户籍人口占全省人口总量的一半以上,小城镇发展的成效关系全省经济社会发展的大局和人民生活质量指数的高低。近些年来,山东省委省政府针对小城镇不强的问题,出台了一系列政策措施,着力提升小城镇的发展能力,也为小城镇的发展提供了重要的政策机遇。

116

二、山东省小城镇发展面临的挑战

一是小城镇规模小，很难克服其集聚能力弱的先天弱势。从全国来看，全国建制镇共有1.91万个，建成区户籍人口1.66亿人，建成区范围内镇均户籍人口8691人，①小城镇规模偏小。山东省小城镇的建成区范围内镇均户籍人口数量是13706人，比全国平均水平要高，但是规模仍旧偏小，难以发挥集聚力和辐射能力。所以相比大中型城市，小城镇的发展速度往往会更慢。

二是小城镇处于城镇体系的末尾，难以吸引优质的资源和人才。近些年来，小城镇建设的综合承载力不断提高，小城镇建设面貌日新月异。但是与大中城市相比，小城镇的经济发展水平、基础设施水平较低，小城镇一般较少具备优质的医疗、教育等资源，难以吸引优秀人才到小城镇就业和安家落户。同时，大的企业项目因为对城市的交通、服务、人才及前后相关的产业链供应具有较高的要求，也往往不会到小城镇落户。

三是山东省小城镇发展产业基础不强。相对于苏、浙、粤等地区，山东省的小城镇产业发展力量薄弱，乡镇企业数量少、规模小、经济实力不强，不能为农业剩余劳动力提供充足的就业岗位，很多农民工到县城及以上的城市务工就业。绝大多数小城镇中二三产业发展不强，特色产业发展总体不足。一些小城镇与周边农村经济的联系不密切，不能将农产品精深加工、服务业作为小城镇的主导产业发展，小城镇二三产业发展相对滞后，缺乏龙头企业和名牌产品，导致小城镇不能很好地发挥对农村劳动力的吸纳作用，对农业产业的带动力也不强。

四是小城镇发展与生态环境保护存在矛盾。进入小城镇发展的企业项目有许多是污染排放相对较高的化工、造纸等企业，这些企业虽然能为

---

① 数据来源于中华人民共和国住房和城乡建设部网站公布的《2021年城乡建设统计年鉴》，由于统计口径的差异，这里的建制镇数量与国家统计局公布的数据有差异。

当地纳税、解决就业,带动当地居民致富,但是也常常给小城镇发展带来污染。对于小城镇政府来说,他们往往面临两难:既要引进项目,发展经济,不得不引进一些污染企业,又有环境保护的责任和压力。前几年,在国家生态环境部的督察下,关闭了许多具有污染影响的禽畜养殖场;近两年,因为中央政策对禽畜养殖场设定标准、管理门槛的放松,一部分养殖企业又重新进入养殖行业,这些企业的发展对周边环境保护常常产生或多或少的压力。

第六章　山东省小城镇建设的主要模式

根据地方政府建设和管理小城镇的不同方式视角,山东省小城镇主要形成了五种建设管理模式:政府推动传统产业转型促进小城镇发展的模式,建立新型园区带动小城镇发展的模式,完善公共基础设施促进生态城镇发展的模式,美丽乡村建设带动小城镇发展的模式,体制机制创新带动小城镇发展的模式。这五种小城镇建设模式过程中政府都发挥了重要的引导、规划和建设推动的作用。本章内容主要从镇域层面介绍小城镇建设发展的模式及做法。

第一节　推动传统产业转型促进小城镇发展的模式:以孔村镇为例

通过推动传统产业转型促进小城镇发展的模式是当前我国小城镇城镇化的重要实现路径。与大城市推动城镇化的路径不同,乡镇实现城镇化的模式主要依托于传统农业的转型升级和农村的社区化,而山东省济南市平阴县孔村镇的新型城镇化路径完美地诠释了通过推动传统产业转型,带动小城镇发展的模式。孔村镇依托乡镇的资源禀赋和工业化现状,通过发展工业制造业的方式,实现了乡镇工业化、农业现代化和农村居民生活城镇化的路径。

孔村镇城镇化的方式是以农业转型工业促进乡镇产业转型进而推动了城镇化。以乡镇产业发展实现农民由农业转移至非农部门,进而促使农民实现就地城镇化,是山东省小城镇建设初期普遍的发展模式。孔村镇是平阴县的六个乡镇之一,历史上的孔村镇主要以农业生产为主,是一个典型的农业乡镇。孔村镇的城镇化与中国乡镇企业的发展同步,孔村镇的工业化之路始于 1989 年开始建设的第一家碳素厂,自从建成了碳素厂之后孔村镇就拉开了工业化之路,到 2001 年孔村镇建成了碳素工业园之后,孔村镇的碳素企业也拓展至 8 家,2020 年孔村镇拥有碳素企业达到 43 家,规模以上企业达到 16 家,虽然受到疫情的影响,但 2020 年孔村镇生产总值达到 49 亿元,新签约了 16 个重点项目,另外引进了 5 个总部经济项目。孔村镇工业企业的快速发展不仅促进了孔村镇的城镇化建设,而且还为孔村镇城镇化建设提供了强有力的财政支持。2010 年左右孔村镇按照小城镇建设的目标,以"人口向镇驻地集中、工业企业向园区集中、耕地向新型经营主体集中"的"三集中"的思路高标准建设小城镇。

孔村镇的城镇化发展是在农业现代化和工业化的基础上实现农村居民生产方式的城镇化,最后才是实现农村居住方式城镇化的过程。孔村镇在推进城镇化的过程中以生态工业园建设和现代农业产业园建设为重点。由于孔村镇的支柱产业为碳素产业,而碳素产业的污染相对较大。孔村镇在高质量发展的指引下,积极探索绿色发展之路,自 2011 年开始孔村镇开始高标准建设新型生态工业园区,孔村镇工业园区按照"关小扶大、拆旧建新"的思路,积极推动碳素产业转型升级,同时政府也加大对转型企业的补贴扶持力度。孔村镇的碳素产业最终实现了高质量发展,孔村镇工业企业的转型升级为孔村镇高质量城镇化提供了新路径:工业企业要高质量发展,城镇化也要高质量推进。

由于孔村镇为农业镇,因此孔村镇在推动工业化的同时也积极探索农业现代化,为小城镇发展奠定农业基础。孔村镇在推进小城镇化的过程中所面临的最大问题是如何使农村居民的生产方式和生活方式适应现代化的城镇生活，并使农村居民参与到城镇化的建设过程中。1989年孔村镇建设碳素厂之前的城镇化的路径是积极为大城市输送劳动要素，以满足大城市的用工需求。而自从孔村镇建设了碳素厂之后，孔村镇的城镇化的路径就变为以工业为引领，将农业生产纳入工业化过程中，以家庭农场和农民专业合作社等新型农业经营主体为基础，将农业与工业进行接轨、将农业生产与销售市场进行接轨、将农业科技与农业科研院所进行接轨，通过延长农业产业链的方式实现农业现代化，最终实现城乡融合的小城镇建设路径。自2010年之后孔村镇锚定市场需求，以农业生产多样化为基础，加快推进农产品生产的多样化，实现了农业现代化，为小城镇的发展奠定了农业基础。例如，孔村镇积极推动鸡腿菇等菌类种植，到2020年孔村镇的鸡腿菇等菌类种植面积已经达到200万平方米，年产鸡腿菇等菌类近4万吨，孔村镇菌类的销售额达到了2亿元以上，其销售量占到全国鸡腿菇等菌类销售量的近90%。随着鸡腿菇等菌类种植面积的扩大，孔村镇成立了菌类农民专业合作社，在合作社的带领下孔村镇逐步形成了"农业种植基地+农民专业合作社+龙头企业+市场"的农业种植模式，这种农业生产模型不仅使农产品的利润留在了农村，而且还延长了农业产业链，从供给侧角度推动了农业现代化。

　　孔村镇在工业化和农业现代化的基础上开始推进小城镇建设，孔村镇的小城镇建设主要采用"镇并村"的模式推动小城镇建设，孔村镇以国家发改委小城镇改革发展试点镇为契机，积极推进孔村镇的土地资源整合利用和新农村建设，利用土地增减挂钩的政策，在全镇范围内建设新型农村社区。2009年孔村镇最早规划建设的是孔村社区，按照以"镇并村"的思路将晁峪村、张山头村和王庄村等三个村庄并入到孔村社区，实现了农村居民向小城镇转移的目的。农村居民向小城镇转移不是小城镇化的根本目标，小城镇化追求的是农村居民在小城镇内安居和乐业，即农村居民实现了生产方式的城镇化和生活方式的城镇化。为了实现生产方式的城镇化,孔村镇积极推动新型工业化和农业现代化建设,发展碳素产业和与碳素相关的其他产业,为新型社区的居民增加了就业岗位,从工业化角度在一定程度上解决了社区居民生产方式城镇化的问题;同时,孔村镇还通过推进农业现代化的方式对农业进行规模经营,对农产品进行深加工,进而延长农业产业链,从农业现代化角度解决了社区居民生产方式城镇化的问题。截至 2020 年年底,最早迁入孔村社区的居民有 70%以上的劳动力已经进入碳素厂进行工作,有 10%左右的劳动力进入中药材基地等农业产品加工企业进行工作,有 5%左右年龄较大的劳动力进入家庭农场和农民专业合作社等进行工作。

工业化是城镇化的基础,城镇化缺少了工业化的支撑,城镇化就会成为无本之木很难维持。因此,小城镇在推进城镇化的过程中首先要实现工业化,使乡镇或者农村由以农业为主的产业结构向以工业特别是制造业为主的产业结构转型,进而为生产方式的城镇化提供产业基础。农村居民进入小城镇之后安居和乐业的另一个基础是完善的公共服务,因此,还应该完善农村社区的公共服务。

由孔村镇城镇化的路径可以看出孔村镇以工业化为支撑,以碳素产业为工业化的启动点,孔村镇在最初的几家碳素企业的基础上不断发展壮大,成为今天国内碳素业第一镇。孔村镇的工业化不仅为城镇化发展提供了资金支持,而且还为城镇化的非农就业人口提供了工作岗位。基于碳素产业的发展,以及小城镇的建设,使得偏远地区的农村居民能够将土地流转给家庭农场、农民专业合作社等新型农业经营主体,使新型农业经营主体实现规模经营。同时通过新型农村社区建设和全镇土地资源整合利用的契机完善了农村社区的基础设施,进而为偏远农村转移而来的农民提供了大城镇的公共服务,同时也为碳素等工业的发展提供了丰富的劳动要素,进一步加速了孔村镇工业化的进程。同时,农业部门内的规模经营也为农业人口由农村向小城镇集聚、由农业生产向工业生产转移、由农村生产方式向城镇化的生产方式转移提供了可能性。孔村镇以工业化发展带动农业现代化，以工业化和农业现代化共同推动城镇化，最后以城镇化来助力工业化和农业现代化的路径诠释了城镇化的本质要求。综上所述，孔村镇的城镇化的路径可以概括为推动工业发展、发展农业现代化、实现就地城镇化。

第二节　建立新型园区带动小城镇发展的模式：以孙耿街道为例

空间布局散、乱曾经是山东省部分乡镇旧有的面貌，近些年来，山东省及各地方政府通过优化城镇的空间布局，推进企业进园区，在带动城镇发展的同时，改变了城镇面貌，大幅度改善了城镇人居环境。本节以济南市济阳区孙耿街道为例分析新型园区建设带动小城镇发展，进而实现城镇化目的的过程。城镇化过程中，劳动要素和资本要素都向乡镇集聚，这些要素的集聚包括工业化要素的集聚、现代农业要素的集聚以及商贸服务业的集聚。工业化要素的集聚会使小城镇形成工业园区，现代农业要素的集聚会使小城镇形成农业产业园，而商贸服务业的集聚会使小城镇形成商贸物流园区。这些园区的形成都会起到带动劳动要素集聚和基本公共服务设施的完善，最终推动乡镇城镇化的进程，这也是我国当前小城镇化的主要路径之一。济南市孙耿街道的就是以新型园区建设带动小城镇发展的主要乡镇之一，孙耿街道通过发展工业园区，实现镇园一体化，同步推进工业园区建设与城镇化建设，实现了产业与人口在空间上同步集聚，进而缩短了孙耿街道的城镇进程，同时园区化建设与城镇化同步推进也为工业园区的发展提供了丰富的劳动要素，进而促进了园区内相关企业的发展，成为园区和产业发展的重要载体。孙耿街道通过园区化发展和城镇化发展实现了园区化与城镇化互惠发展的新模式。

工业化发展是城镇化发展的初始动力,山东省早期的小城镇基本上都是基于乡镇企业而发展起来的。济南市孙耿街道就是依托乡镇园区发展小城镇的典型代表。孙耿街道位于济阳区西南部与济南市中心的衔接点。在历史上孙耿街道一直是农业强镇,改革开放之后孙耿街道积极探索乡镇企业发展经验,通过探索和学习,孙耿街道走出了一条"镇园区一体化"的小城镇发展路径,孙耿街道以土地集零为整的办法建设镇域开发区,并鼓励本地乡镇企业和外来企业在园区内落户。这种园区化的建设不仅促进了中小企业的发展,而且还在园区内形成了大企业。为了适应产业快速发展的需要,进一步建设镇域产业园区,孙耿街道于 2000 年左右开始探索以园区化发展带动城镇化的思路,即以工业园区化推动城镇化,以城镇化带动园区化的发展思路,逐步探索出了农业乡镇通过工业强镇带动小城镇发展的新模式。

改革开放初期,孙耿街道也是以农业为主的乡镇,在 1992 年为了集中发展工业企业,孙耿街道通过邻村换地、集零为整的方式,在地理位置优势的地区建设了镇域工业园区,通过一段时间的发展,工业园区的总产值达到 7.2 亿元,孙耿街道由一个农业乡镇成功地转型为工业强镇;为了进一步发挥镇域园区的作用,孙耿街道以园区为工业孵化器,不断促进镇域园区企业数量的增加,园区产业也逐步向多元化方向发展,到 2020 年孙耿街道工业园区内形成了以食品饮料、包装印刷、医药化工和机械制造等四大产业为主的产业集群。虽然受到疫情的影响,但 2020 年孙耿街道工业园区总产值超过 50 亿元。孙耿街道成功地成为济南市黄河以北的第一经济强镇,与此同时为了进一步促进孙耿街道经济发展,济南市政府于 2017 年 5 月将撤销孙耿镇,并设立孙耿街道办事处。通过集中发展工业企业的思路,孙耿街道走出了一条以乡镇工业企业发展的新模式。

孙耿街道园区化建设能够取得成功主要是基于孙耿街道园区建设的三个特点:第一,孙耿街道的工业园发展思路清晰,园区定位明确。孙耿街道在没有工业基础的条件下成功地探索出了工业化和园区化建设的道路,孙耿街道立足于与济南市邻近的优势和优越的交通条件,通过全域土地综合整治集中开发土地、集约经营的路径高标准建设工业园区,坚持把工业园区发展作为发展孙耿街道工业经济的主要路径。为了推动孙耿街道工业经济的发展,孙耿街道还提出了"承接转移产业,打造卫星城镇"的发展定位,孙耿街道的这一定位提升了孙耿街道的站位高度,极大地吸引了投资,使孙耿街道的投资明显高于周边地区。依托该定位孙耿街道于 2001 年成功吸引了达利公司的项目,伴随着达利公司的发展,孙耿街道工业园区的发展也进入了快车道。

第二,孙耿街道高度重视企业孵化,不断扩张园区企业数量。孙耿街道高度重视中小企业的孵化,中小企业的孵化过程中充分发挥镇域工业园区孵化器的作用。孙耿街道按照现代化工业园区建设的目标,不断加大对园区的投入力度,一是不断完善工业园区的基础设施,以提高园区内产业的承载能力;二是不断优化工业园区的营商环境,转变园区的工作方法,提高工业园区政务的工作效率,在工业园区内形成了"亲商、安商和富商"的营商环境。孙耿街道通过完善工业园区的硬件环境和软件环境,提高了孙耿街道招商引资的成效,同时工业园区内原有的企业也实现了提档升级。2001 年孙耿街道的园区共有企业 13 家,至 2020 年孙耿街道工业园区内的企业数量达到了 100 余家。孙耿街道工业园区的快速发展为社会提供了大量的工作岗位,推动了农民由农业生产方式向城镇化的生产方式转移,为孙耿街道小城镇的发展奠定了产业基础。

第三,孙耿街道突出产业特色,发挥产业集群效应。截至 2020 年孙耿街道形成了食品饮料、包装印刷、医药化工和机械制造等四大产业集群。其中食品饮料是孙耿街道早期的优势产业,食品饮料产业方面孙耿街道在引进达利食品项目之后,又陆续引入了阳光食品和毛氏食品等产业项目,食品饮料产业集聚的逐步形成为孙耿街道工业园区的发展奠定了产业基础。在食品饮料产业发展的基础上,孙耿街道的工业园又陆续引入了金百利箱包、盛隆包装等为代表的印刷包装企业,霸王龙力液压和山东重联电动车等为代表的机械制造业。孙耿街道通过工业园区的建设,为工业强镇和经济强镇打下了坚实的产业基础,孙耿街道通过工业园区建设不仅实现了以大项目带动大产业的目的,也实现了以大产业带动大项目的良性循环,同时也在一定程度上解决了乡镇推行城镇的资金来源问题,以及农村居民进城之后劳动要素流向哪里的问题。

孙耿街道在工业园区化之后在镇域内逐步推广城镇化,在镇域内实现了城镇化与工业园区化同步发展的目标,孙耿街道推进城镇化的方式主要是依托于孙耿街道的工业园区。孙耿街道的园区化推进在一定程度上实现了产业和人口的空间集聚,同时人口和产业的空间集聚也推动了镇域的园区化进程。孙耿街道在 1992 年建设工业园区之际就考虑到镇园一体化的发展道路,即镇政府为了建设产业园区从镇域内的各村庄调整土地,建设高标准小区。为了同步推进产业园区与城镇化,高标准小区建设在园区附近,同时还为小区配备了商业设施以及幼儿园等教育基础设施,同时为了吸引外来人口进入并定居在孙耿街道,高标准小区附近还开发了一批商品房。随着产业园区和高标准小区的建设,孙耿街道的二三产业以及镇域的就业人口都集聚到产业园区附近,由于人口的集聚产业园区附近还出现了一些个体经营者。依托产业园区和高标准小区的建设,孙耿街道的产业结构也由原来以第一产业为主的产业结构逐步向以第二产业为主的产业结构转型,与此同时,孙耿街道也由原来以农村居民为主的人口结构逐步向以城镇人口为主的人口结构转型。

不同地区的小城镇发展有不同的路径,孙耿街道走出了一条由产业园区带动城镇化发展的新路径。城镇化发展与产业园区化相互促进、共同发展。孙耿街道镇园一体化发展路径具有推广的意义在于孙耿街道借助工业园区建设,先行改变了农村居民的生产方式,随着孙耿街道农村居民生产方式的改变,居民主动改变其生活方式,即自行推进城镇化。同时农村居民在推进城镇化的过程中还会促进产业园区的发展。孙耿街道之所以能够依靠产业园区化实现推进城镇化的目的,主要与以下三方面有关:

第一,不断优化的营商环境。孙耿街道不断加大对基础设施的投入力度,以改善产业园区内部以及附近小区的基础设施,在一定程度上破解了制约产业园区及小区发展的基础设施瓶颈,同时孙耿街道在完善硬件基础设施的同时还不断完善孙耿街道的软件基础设施,孙耿街道将优化园区内的政务环境放在产业园区发展的首要位置,切实转变产业园区的服务意识,在产业园区内打造了"亲商、安商、富商"的营商环境。

第二,着眼于外部社会环境,孙耿街道在没有工业基础的条件下,依托外部区域资源和交通条件集聚本地优势要素,推进产业园区发展。从产业园区建立之初孙耿街道就主动对接济南市、青岛市等经济发达的城市,积极为产业园区发展谋求外部对接空间,提高镇域产业园区的站位。

第三,整合外脑智慧资源,提高镇域发展战略高度。孙耿街道围绕优势交通打造产业园区,推动镇域园区化和城镇发展的思路是在整合外脑智慧的基础上逐步完善的,这种与外部智力资源的对接,直接为当时孙耿街道进一步的发展打开全新的空间,使孙耿街道镇域工业化的发展步入了新的领域。

第三节　完善公共基础设施促进生态城镇发展的模式:以南阳镇为例

通过完善公共基础设施,发展生态文旅带动城镇化发展思路是小城镇发展的重要路径之一。将生态文旅作为引领小城镇发展的模式单独列出来进行分析,主要是由于新型小城镇建设不仅可以通过产业化的方式进行推进,而且还能够以生态和绿色的方式推进小城镇建设。同时对于很多拥有优美生态环境的乡镇也提供了推进小城镇建设的另一种思路。山东省济宁市微山县南阳镇是山东省第二个被评为"中国历史文化名镇"的乡镇。南阳镇依托生态环境和历史文化,通过多方考察学习,南阳镇将旅游业确立为富民兴镇的主导产业,南阳镇一方面通过完善基础设施和吸引外资,另一方面保护历史文化和生态环境。通过全面提升文化旅游,南阳镇发展取得了显著的成效。

济宁市微山县南阳镇位于微山湖北部的南阳湖内,南阳镇不仅生态环境优美,而且历史文化丰富,京杭大运河穿南阳镇而过,周边有孔孟故里曲阜。南阳镇借助微山县城镇化追赶战略的契机,基于自身的生态环境、运河文化以及民俗特色,以旅游业为龙头产业,迈出了小城镇建设的新脚步。南阳镇依托自身特有的北方水乡景色和丰富的运河文化,实施了"生态立镇、旅游兴镇"战略,全面打造了南阳镇旅游新形象,不仅使南阳镇的居民见到了收益,而且还推动了南阳镇的小城镇化建设。南阳镇主要从以下几个方面发展旅游业推进小城镇建设:

第一,充分发挥政府的引领作用。南阳镇为了推动旅游业的发展,积极争取济宁市市委市政府和微山县县委县政府的支持,南阳镇先后被济宁市列入"圣城游"的重要景区和"运河一日游"的重要景点之一,为了支持南阳镇旅游业发展,县、镇政府先后投入 9.5 亿元资金用于完善南阳镇的相关配套设施。同时,为了保护南阳镇历史文化古迹,在修旧如旧的方针指导下,南阳镇重新对历史文化古迹进行了修复。为了保持南阳镇旅游业的活力,南阳镇按照"政府主导、市场化运作和企业化经营"的方针高标准建设和经营,不仅确保了政府投资的保值增值,而且还使南阳镇实现了经济效益和社会效益的双赢。南阳镇在发展旅游业的过程中不仅借助济宁市的支持,而且还借助微山县的支持。南阳镇基于微山县与中外媒体联合的宣传推介会活动,在中央电视台的《话说运河》、德国电视台《中国运河名镇》等活动上不断宣传南阳镇,真正使南阳镇走出国门走向了世界。随着南阳镇知名度的提升,南阳镇的旅游业不仅受到国内旅客的喜爱,国外游客专程来南阳镇的数量也不断增多。

第二,完善公共基础设施,推进旅游业与城镇化同步发展。完善基础设施不仅是发展旅游业的需要,也是推进城镇化的重要组成部分。为推动南阳镇旅游业发展,再现传统古镇的活力。南阳镇编制了《南阳古镇保护与旅游开发规划》,将南阳镇定位于发展旅游业、商贸物流和休闲宜居为一体的历史文化古镇。为了打造运河特色的历史文化古镇,南阳镇高标准建设了送子殿和杨伯儒故居等历史古建筑。为了提高游客的舒适度,在上级政府的支持下与市场运作等多方筹集资本的保障下,南阳镇自2008年以来先后完善道路24条,公路里程近70公里;同时还建设了红色旅游码头等文化旅游设施、南阳旅游商品市场等商贸物流设施。为了提高南阳镇居民的幸福感,南阳镇政府在完善旅游设施的同时还建设了省级标准化敬老院、南阳新村居民楼、新一中和农村安全饮水工程等一批民生工程,在满足游客需求的同时还改善了南阳镇居民的生产、生活条件。伴随着南阳镇旅游业的发展,南阳镇周边地区的生态旅游、民宿旅游也慢慢地兴起。南阳镇旅游业的发展不仅带动了南阳镇第三产业的发展,而且南阳镇驻地对农村居民的吸引力越来越大,更多的农村居民想到镇驻地生活。

第三,旅游业的发展为当地居民提供了就业机会。发展旅游业之前的南阳镇由于以农业生产为主,缺少其他支柱产业,导致南阳镇一度被确定为省重点帮扶乡镇。缺乏就业机会的南阳镇人只能背井离乡外出打工。南阳镇旅游业以及相关产业的发展不仅拉动了南阳镇经济的发展,而且还为南阳镇的农村居民提供了大量的就业岗位。自2009年南阳镇旅游业发展以来,南阳镇居民由外出务工实现了回乡创业的转变。例如,南阳镇北二村村民张某某以前在城市务工,得益于南阳镇旅游业的发展,在南阳镇开办了农家乐餐厅,生意十分红火,目前已经吸纳了近 20 个劳动力。张某某只是南阳镇通过发展旅游业回乡创业的代表之一,像这样的创业者南阳镇有近百人。截至 2020 年年底,南阳镇旅游业直接从业者已经超过一千人,旅游业的相关从业者已经超过一万人,南阳镇 40%以上的居民的收入都多多少少依赖旅游业。旅游业的迅速发展改变了南阳镇传统的通过外出务工的生产方式,使居民能够在家门口就获得丰厚的收入。南阳镇这种生产方式的转变也改变了居民的生活方式,随着南阳镇旅游业的发展,部分在南阳镇的旅游从业者开始在南阳镇定居,这部分定居者不仅有南阳镇原有地农村居民,而且还有部分外来务工者,旅游从业者的定居为南阳镇城镇化的发展提供了原动力。南阳镇旅游业的发展使经济由以农业为主逐渐向以服务业为主转变,同时南阳镇旅游业的发展还集聚了人流、物流和信息流,不断加快了南阳镇的城镇化之路,推动着南阳镇经济的高质量发展。

南阳镇由原来的省级扶贫重点镇到中国历史文化名镇的嬗变是"绿水青山就是金山银山"理念的实践。南阳镇通过发展旅游业助力城镇化的成功案例为拥有丰富生态环境地区的城镇化提供了如下借鉴。

第一,利用生态环境发展旅游业。南阳镇一直是扶贫重点乡镇,为了促进乡镇的发展,南阳镇明确了"文化搭桥、生态立镇、旅游强镇"的目标,在实际运作过程中南阳镇将旅游业作为全镇的核心产业,不断优化镇域产业结构、完善镇域基础设施、强抓镇域生态环境,使南阳镇的旅游业及相关产业不断发展,最终促使南阳镇走向了一条以保护生态环境推动城镇化的道路。这也就为具有生态环境优势的地区推动城镇化提供了借鉴,通过发展生态旅游来推动城镇化,进而促进小城镇建设。

第二,以传统文化为平台,提升旅游品质。南阳镇与其他地区的古镇不同,南阳镇没有过度的商业运作,只有原生态的本土文化。南阳镇将自身的生态环境与传统特色文化相融合打造了生态特色旅游文化。南阳镇为了吸引更多的游客还不断开发新的本土传统文化。例如,南阳镇将古镇民俗文化、南阳镇民间风情和南阳镇特色风味小吃等融入旅游业内。这也就为其他传统文化古镇的发展提供了经验借鉴,通过复原优秀传统文化来进一步推动旅游业的发展,进而为小城镇发展提供产业动力。

第三,在镇域内开展综合整治,改善居民宜居环境。近年来南阳镇通过对生态环境进行综合整治,提高了镇域内的资源利用率。南阳镇在镇域旅游业发展的基础上,不断完善镇域交通基础设施、教育医疗等公共服务设施、商贸物流等商业设施,在发展旅游业的基础上多措并举地为农村居民提供丰富服务设施,提高了镇域居民的生活品质,从生活方式角度促进了农村居民的城镇化进程。南阳镇通过发展旅游业来推动城镇化的路径为其他地区城镇化发展提供了经验借鉴,通过发展相关产业将本地区的资源优势转化为经济优势,进而推动地区经济的发展,从而为地区城镇化发展提供了生产方式转变的可能;在地区经济发展的基础上,通过完善镇域公共基础设施,为地区城镇化的发展提供了生活方式转变的可能;农村居民在生产方式转变和生活方式转变的基础上,自然而然地实现了镇域城镇化。

第四节　美丽乡村建设引领小城镇发展的模式:
　　　　以孝直镇为例

从山东省小城镇的发展来看,山东省不仅有产业引领型的小城镇发展模式,而且还有以美丽乡村建设等政策推动的小城镇化。城镇化要发展,农业现代化和新农村建设也要发展,同步发展才能够相得益彰。因此本部分将对新农村建设和农业现代化的城镇化发展模式作出分析。山东省济南市平阴县孝直镇通过新型农村社区建设在农业主产区,以新型农村社区建设作为小城镇发展的突破口,开启了小城镇发展的新路径,通过推进农业现代化建立了小城镇的产业支撑,以美丽乡村建设为引领提升了小城镇的生活品质。孝直镇以美丽乡村建设的方式推进小城镇建设的路径对于丰富小城镇的城镇化具有重要借鉴意义。

由新古典经济增长理论可知,城镇化是工业化和产业结构转型的产物,工业化发展到一定阶段,地区经济的产业结构不断转型升级,工业部门和服务业部门在城镇为劳动要素提供了大量的就业机会,并且城镇的公共基础设施不断完善,进而带动了农村地区的居民由农业部门向城市部门转移,从而使得城镇的人口不断增多,并且城镇的人口主要从事非农生产。但由世界的城镇化历程可知,当经历了早期农业支持工业发展的阶段之后,世界的产业结构进入了工业和服务业支持农业发展的阶段,在该阶段内可以通过推动农村地区的农业现代化成为了促进小城镇发展的另一种选择。改革开放之后,我国的城镇化历程经历了由工业化引领城镇化的阶段,在进入 21 世纪后,我国的城镇化又进入到由工业和服务业反哺农业的阶段。特别是近年来山东省又出现了小城镇发展的另一种模式,以新型农业社区建设作为农业主产区小城镇发展的一种新探索,而在这种新探索中最具代表性的地区则为平阴县孝直镇。孝直镇是一个典型的传统农业乡镇,工业基础薄弱,服务业发展缺乏优势资源,平阴县县委县政府和孝直镇为了推动孝直镇的发展,提高孝直镇居民的幸福感,孝直镇经过反复调研论证,于 2007 年决定以新型农村社区建设作为孝直镇发展的新突破。孝直镇能够以新型农村社区建设推动小城镇发展主要解决了以下三方面的问题。

第一,聚集群众的民心。孝直镇在推进新型农村社区化的过程中,首先选取了经济基础和群众基础较好的村庄进行村庄整合和美丽乡村建设,孝直镇首先是在汇东地区的村庄开展新型农村社区建设。在这些村

庄开展新型农村社区建设主要有以下三方面的优势:一是该地区村庄的
农民富裕,汇东地区的土壤肥沃、水资源丰富,适合农作物生长。改革开
放之后,该地区探索出了"土豆+玉米+大白菜"的种植模式,农民收入水
平不断提高,2007年年底该地区居民的户均存款已经达到了五万元以
上。家庭收入水平的不断提升使农民产生了也想过上与城市人一样生活
的愿望,村庄经济发展水平较高为美丽乡村建设提供了良好的经济基础。
二是该地区的文化融合度高,汇东地区主要是董姓家族和展姓家族的聚
居地,两大家族的人口占到该地区总人口的近70%,区域内的村庄布局
相对集中,农村居民之间的生产方式和生活方式也较统一,同时文化习俗
和道德理念也较相似。这种特殊的村庄文化基础和文化共性,为美丽乡
村建设奠定了文化基础。三是惠农政策的推行。2008年之前孝直镇通
过争取上级资金,在汇东地区投资了1200万元进行土地整理,投资600
万元进行中低产田改造,当时也正在进行马铃薯特色品牌基础建设项目。
这些惠农政策的实施极大地改善了汇东地区的农业生产条件,增强了群
众对政府政策的认同度,减少了美丽乡村建设过程中的群众不信任和抵
触情绪,筑牢了美丽乡村建设的群众基础。

　　第二,解决美丽乡村建设的资金问题。小城镇建设过程中所面临的
最大问题是资金从哪里来的问题。特别是在前几年该问题更为突出。解
决好美丽乡村资金来源的问题成为影响小城镇城镇化发展的重要因素。
孝直镇在解决美丽乡村资金来源的问题上把握了以下两方面:一方面是
用好建设用地增减挂钩政策。2008年11月平阴县被确定为全国第二批
城乡增减挂钩政策试点县。孝直镇抓住增减挂钩政策有效地解决了美丽
乡村建设资金从哪里来的问题,为了更好地利用增减挂钩政策,平阴县还
专门出台了相关政策法规;另一方面为了更好地推进美丽乡村建设,孝直
镇还采取了多种形式的资金筹集方式。孝直镇借助平阴县作为全国支农
涉农资金试点县的优势,积极整合建设资金、教育资金和农业资金等多部

门的惠农资金项目,在不改变专项资金使用性质的前提下,将各类资金都向汇东地区倾斜,提高汇东地区的公共服务设施,进一步提升了美丽乡村建设的资金配套能力。

第三,美丽乡村建设还需要解决日子怎么过的问题。对于农业主产区而言,美丽乡村建设是推动小城镇建设的重要路径,同时也是推动小城镇化的重要方式。但小城镇建设和城镇化不是根本目的,更重要的是推进农村居民生产方式和生活方式的转型,从更深层次上使农村居民融入城市现代文明的进程。孝直镇是一个传统的农业乡镇,缺乏工业和服务业基础,借助土地增减挂钩和美丽乡村建设等政策,搭建起了城镇化发展的平台,为了解决美丽乡村建设之后新型社区农民日子怎么过的问题,孝直镇将农村社区环境改善、农民生产方式和经营方式转变、农村社会管理转型统一纳入农村社区发展转型的计划内,在推进小城镇发展的同时也真正使农村居民在小城镇内安居乐业。孝直镇的主要做法有以下两方面:一是积极推动土地向家庭农场和农民专业合作社等新型农业经营主体集中,以实现农业规模经营;同时积极引导新型农业经营主体探索农业机械化,积极推动农业生产方式变革和农业经营模式的现代化,汇东地区是传统的蔬菜种植基地,孝直镇结合汇东地区的种植传统打造了一处蔬菜批发市场,使全镇蔬菜产业实现了集聚连片的发展。二是积极推进产业向园区内集中,孝直镇积极调整地区的产业布局,引导相关产业向镇驻地的工业园区集中,经过几年的发展,孝直镇的工业园区已经形成了以机械加工和轻工纺织为主的产业体系。

"日子怎么过"实际上是美丽乡村建设的后续问题,但该问题能否有效解决关系到美丽乡村建设的成败。新型农村社区建设之后,耕地由谁来种?农业实现规模化经营之后,农业剩余人口往什么地区转移?这些问题解决好也就从根本上解决了农民日子怎么过的问题。孝直镇以小城镇化建设为引领,推动农业规模化经营和产业园区化发展,实现了城镇建设与镇域产业结构转型的良性循环,保证了城镇化的健康持续发展。孝直镇通过解决美丽乡村建设"资金从哪里来"、"人向哪里去"和"未来日子怎么过"的问题实现了以城镇化为引领,带动了农业现代化,促进了镇域产业结构转型,为农业主产区的小城镇建设提供了如下经验借鉴。

第一,城镇化建设必须解决好资金从哪里来的问题。孝直镇在美丽乡村建设过程中无论是村庄之间的整合,还是农民居住方式的改变之所以能够顺利开展,都是因为有效地解决了资金从哪里来的问题,减轻了农民生产方式转型和生活方式转型的经济压力。同时农民在美丽乡村建设过程中还能够享受到更便利、舒适的公共基础设施,这些额外收益是孝直镇成功推行美丽乡村建设的根本。

第二,城镇化建设还需解决好人到哪里去的问题。无论是大城市的城镇化还是小城镇的城镇化都面临着一个重要的问题,就是农业转移人口向哪里去的问题,这主要包含以下三方面的问题:一是农业人口转移到城镇之后如何融入城镇? 二是转移到城镇的人口如何实现其就业的问题。三是继续从事农业生产的人口如何融入农业现代化进程中? 孝直镇立足镇域资源优势通过农业生产现代化的方式解决了从事农业生产的人口融入农业现代化进程的问题;以城镇化推动产业园区化解决了转移到城镇的人口实现就业的问题;通过完善镇域的公共基础设施解决了农业转移人口融入城镇的问题。

第五节　体制机制创新引领小城镇发展的模式:
以东关社区为例

小城镇无论是因工业化和产业结构转型发展起来的还是通过农业现代化发展起来的,都离不开政府政策的支持。这种政策的支持不仅包含国家宏观层面的政策支持,而且还包含地方政府和基层社区管理方式和管理制度的创新。这些基层的改革创新从基层发展的实际出发,显示出了独特的创新价值,对通过以体制机制创新而发展起来的小城镇进行分析总结,能够为我们从根本上理解和构建小城镇城镇化的制度保障奠定理论基础。而依赖于体制机制创新而发展起来的小城镇最具代表性的则是山东省寿光市圣城街道的东关村。改革开放以来,东关村一方面发展村庄经济,另一方面推动东关社区化建设,在多年的发展过程中,东关村的产业结构、人口就业结构和村庄环境发生了根本性的变化。2005 年之后东关村就以产权制度改革为核心,将企业经营中的股份制引入到农村集体经济的发展过程中,在集体经济内形成了与新型城镇化相适应的全新的产权制度,这种制度的探索为东关村的社区改革提供了制度保障。

在城镇化的发展过程中,许多小城镇位于县城附近(这些小城镇被称为城关镇),这些小城镇不仅是城镇化的发源地,而且还是城镇化的中心地带。中国城镇化的发展必然离不开城镇面积的扩张,而县城附近的城关镇也成为我国新型城镇化过程中避不开的一个话题。如何顺应城镇化的发展大趋势,推进城关镇农村社区向城市社区转型是我国小城镇发展过程中所面临的重要问题。山东省寿光市圣城街道的东关村通过产权制度改革成功实现了由农村村庄向城市社区的转型,走出了一条以股份制改革推动城中村的改造,探索出了一条全新的城镇化之路。东关社区通过股份制改革推动村庄社区化的主要措施有以下几个方面。

第一,通过股份制改革完善农村股权分配。村庄的股份制改革首先要对农村的集体经济资产进行量化,即按照公司法的要求将村庄的集体资产(含有形资产和无形资产)统一折算成股金,量化出村集体内的资产总额;同时还要界定清晰集体资产的分配对象。东关村通过集体商议明确了集体经济所有者的界定范围,并聘请第三方对村庄内的集体资产进行统一折价。这样东关村的居民不仅是东关村的主人,而且还成为东关社区的市民,同时还当上了东关社区集体经济的股东。

第二,实现产业联动,推动东关社区产业结构转型升级。城镇化的发展与产业结构的转型升级是密不可分的。东关社区在进行产权制度明晰之后,着手对原有产业进行提档升级。东关社区借助社区所属集团东宇集团,先后与知名品牌集团通过合作、投资、入股等形式建成了银座商城寿光店、寿光中百大厦一二期等商贸服务业项目,实现了东关社区的商贸服务业由赶集式地发展向规模经营和高档经营转型。为助力文家街道实体经济发展,东宇集团在文家街道内建设了东宇金海商城项目。为了补齐市场短板、完善市场功能,圣城街道还在东关社区内建设了餐饮、洗浴等特色商贸街以及相关的专业市场。东关社区这种产业联动机制不仅带动了相关产业的发展,而且还推动了东关社区的产业结构升级,为东关村的社区化改造奠定了经济基础。

第三,多措并举为农村居民创造就业岗位。城镇化过程中所面临的最大问题就是为农村居民提供就业岗位。东关社区凭借其区位优势和资源优势,增加居民的就业岗位。截至 2020 年在东关社区内拥有摊位的居民近 300 家,从事个体经营的居民近 200 家。同时东关社区还鼓励大中专毕业生创业、自谋职业,并给予创业人员 1 万—5 万元的奖励。这些举措的实施从根本上解决了东关社区居民的就业问题,同时还为东关社区居民生活方式的转变奠定了物质基础。

第四,完善社区基础设施,提高居民幸福感。城镇化的最终目的是让所有居民都能够从城镇化过程中得到实惠。东关村在进行社区化改造之后,优先发展教育事业,先后投资五千余万元对东关小学进行改造,使其成为寿光市高标准小学。同时东关社区为解决周边村庄孩子们的教育问题,东关社区也将周边村庄的孩子纳入东关小学范围内。东关社区在解决孩子们教育问题的同时,还特别关注老年人的养老问题。自 2012 年起东关社区就对每位 60 岁以上的老年人提供 10862 元的福利补贴,在一定程度上解决了老年人的养老问题。东关社区在解决农村居民养老教育问

题的同时还保障社区用水、改善社区内的道路、保护社区生态环境等。东
关社区通过一系列的政策措施不仅使居民从小城镇建设过程中得到了实
惠，而且还使周边村庄居民从城镇化过程中得到了实惠。

东关社区通过股份制改造的形式推进了小城镇发展，实现了城中村
与城市的融合、推动了东关社区及其周边地区的产业结构转型升级、为城
镇化人口提供了充足的就业岗位。通过对东关社区的案例分析为城关镇
的城镇化提供了如下借鉴。

第一，小城镇建设过程中要践行为民服务的宗旨。城中村集体经济
的股份制改革过程中不仅涉及村集体经济，而且还涉及村集体成员的划
分问题。因此，城中村在推行股份制改革的过程中必须以维护村集体成
员的利益为前提。同时，在股份制改革的过程中还要不断创新村集体经
济组织形式，建立"村集体经济+合作社+企业+商业"的新格局，通过产业
融合和资源融合等形式促进村庄集体经济发展，为小城镇发展提供经济
基础。

第二，村集体经济改革要立足于村庄自身实际。城中村的城镇化发
展要立足于村庄自身的实际情况，明确村庄自身的产业定位，在小城镇发
展过程中实现城镇化发展与村庄产业发展相融合，最终通过发展自身的
产业优势，推动城中村经济结构转型。东关社区通过多方论证和长期探
索最终形成了以商贸服务业为主导产业的产业结构，这种产业结构既符
合东关社区自身的实际情况，又符合东关社区和圣城街道的长远规划，因
此其他城中村在确定本村庄产业结构时，需要深入论证多方探索。

第三，股份制改革需要从机制和体制上进行创新。东关社区股份制
改革能够取得成功主要得益于东关社区不仅从集体经济产权制度进行改
革，而且还进行了土地改革、集体经济发展模式等改革，东关社区全方位
多层次的系统性改革形成了集体资产保值增值的通道。东关社区的集体
经济改革为城关镇和城中村如何保持村集体经济收益等提供切实可行的

方案,东关社区的做法和探索值得其他城关镇和城中村研究和借鉴。

从以上小城镇发展的模式来看,城镇化是以人地关系为主要作用轴线,以政府和市场为两大力量共同作用的农村居民向城市转移的过程。在这个过程中,小城镇的发展通常是起步于市场和政府的推动,在城镇化的持续深化发展过程中,政府参与和指导起了必不可少的促进甚至是主导作用。就小城镇的发展过程而言,小城镇的发展多表现为以工业和服务业的兴起为原始动力,以政府对城镇公共基础设施的完善和产业发展的指导,及政府对人口空间集聚过程和布局不断调整为过程的社会变迁。城镇化的最终目的是实现城乡人口对现代化成果的共享。

第七章　山东省小城镇建设的
主要做法及成效

本章主要从宏观层面介绍山东省小城镇建设过程中地方政府的主要做法及成效。小城镇作为城镇体系的基础组成部分,对就地吸纳农业转移人口、推进城乡融合发展意义重大。加强小城镇建设,突出新兴产业培育和传统特色产业再造,也是推进供给侧结构性改革、培育发展新动能的有效途径。

第一节　山东省小城镇建设的主要做法

在山东省全面实施腾笼换鸟、凤凰涅槃、新旧动能转换战略推动下,促进小城镇发展的扩权强镇多项政策措施相继出台,省市县三级政府在财政、融资、土地、人才等诸多方面给予小城镇建设大力扶持,极大地推动了小城镇建设和发展的速度提升、质量提升,涌现出了一批具有特色的产业发展强镇。

一、以镇域为主体优化区域经济结构

实施区域协调发展战略是新时期国家重大战略之一。山东省作为我国由南向北扩大开放、由西向东梯度发展的战略节点,在全国区域发展布

局中占有重要地位。山东省的区域经济发展格局也呈现出明显的东、中、西地域特征,由东向西梯次分布。山东省围绕实现省内东、中、西三个地域协调发展,不断调整完善区域发展格局,先后实施了东西结合共同发展、东中西梯次推进、"一群一圈一带"竞相发展、"一体两翼"统筹把握、"两区一圈一带"全域覆盖,最终形成了"三核引领、多点突破、融合互动"的横跨东西、统筹陆海、纵贯南北、覆盖全省的区域经济战略布局。在此过程中,山东省对于小城镇建设精准定位是实现政府主导的以镇域为主体的区域经济结构优化,通过政府顶层设计,与区域经济战略布局同步匹配。作为城乡融合、工农融合的主要网络节点,小城镇是落实政府政策最基础、最有效、最重要的平台载体,能够拉动和引领新型工业化、农业现代化发展。山东省在省级规划中明确指出,要打破以往惯例,突出镇域为主体,优化区域经济结构。山东省市县三级政府积极打造多中心组团式城镇化发展格局,推动小城镇由单核心分散式发展向多中心组团发展,全省各地基本形成了以县城为核心,以中心镇、重点镇和示范镇为骨干,一般城镇为纽带,布局合理、功能健全、协调发展、基础设施完善的小城镇空间布局。

由于历史原因,过去一段时期,山东省小城镇建设与发展一直面临顶层设计政策少、资源要素匮乏、自我发展动能不足等问题。同时,山东省人口聚集度高、小城镇数量多等因素使得小城镇经济发展基础相对比较薄弱,综合经济实力不强,经济高质量发展和科技创新驱动发展等问题更是无从谈起。以地方政府为主建设小城镇的模式强调镇域为主体优化区域经济结构,极大避免或者减缓了市场主导情况下优势资源"嫌贫爱富"的逻辑,即优势资源扎堆涌入市县,不愿意去乡镇,造成市县相对发达,乡镇相对落后的情况。特别是在山东省全面实施腾笼换鸟、凤凰涅槃、新旧动能转换战略的推动下,促进小城镇发展的扩权强镇各项政策措施开始密集出台,政府引导优势资源流入乡镇,极大地推动了小城镇的快速健康发展,涌现出一大批具有特色的产业发展强镇,镇域经济范围内产业分工专业化水平日益提升,科学技术应用水平提高,企业生产规模不断壮大,发展质量持续提升,产业链条不断加粗、加长、拓展、延伸,研发、物流等现代化服务产业也处于蓬勃发展中,各种新型生产性服务业开始大量出现,产业体系日益健全,产业聚集度也越来越高,在全省新旧动能转换的大背景下小城镇经济发展质量不断得到提升。山东省政府主导型小城镇建设有力地促进了县域、镇域经济发展,小城镇逐渐成为区域经济发展和产业竞争的重要一环。

最具代表性的是威海市实施的政府主导型小城镇建设方案。进入21世纪以来,威海市在全省范围内率先实施"全域城市化、市域一体化"战略,走出了一条具有威海特色的小城镇发展之路,促进区域经济结构优化,推动中心城区、各市区、小城镇重大基础设施共建共享、互联互通,打造了"中心城区崛起、两条产业隆起带支撑、环海经济带发展、小城镇多点突破"的新型城镇化发展新格局。以提高首位度为发展方向,中心城区大力发展新产业新业态、总部经济,形成高新技术产业基地、现代商贸物流中心、金融保险创新区、电子商务示范区;以中心城区为核心向东西拓展、向南部延伸,打造先进制造业和现代服务业深度融合的两条产业隆起带;沿着上千公里的海岸沿线,通过环海经济带把中心城区、各市区、小城镇连接起来;以小城镇为中心多点突破,承载中心城区和各市区的经济社会功能,加快促进产业聚集和人口聚集,形成经济块状发展的重要支撑点和新的增长极。环翠区张村镇、温泉镇,临港区蒿山镇,文登区宋村镇,荣成市俚岛镇、成山镇,乳山市海阳所镇、白沙滩镇等一大批国家级重点示范镇在威海市迅速崛起,实现了小城镇集群发展的态势。特别是环翠区张村镇,人口只有 10 多万人,以镇域为主体加大道路、管网、水利等基础设施建设投入力度,实现了镇域供水、供热、供气、供电、排污与城市管网互通互联,镇域基础设施服务功能完备、布局合理、结构优化。张村镇重点促进工业化和城镇化的良性互动,通过大力发展新材料、新技术、新装备等产业,打造了装备制造、电子信息、医药和医疗器械、纺织服装等优势产业集群,目前张村镇拥有近 700 家企业,7 家上市公司,一大批像广泰通港、海王研发基地、双轮泵业等在全国全省处于领先位置的工业企业,税收超过千万的企业有 16 家,先后入选国家级重点镇、全国综合实力千强镇、全省首期百强示范镇、省级重点示范镇等。

二、积极探索特色化小城镇发展道路

特色产业的发展和培育是小城镇长期发展的内在动力保障。市场主导型小城镇的特色产业发展具有先天优势,通过市场竞争选择,形成特色产业的产业链组合。但是,对于山东省而言,政府主导型小城镇建设,能够充分吸纳市场主导型小城镇特色产业发展的优势,同时强调因地制宜,避免市场主导型可能的杂乱和失序状态,更有利于抢抓时机,实现小城镇的快速发展。

具体而言,山东省一直秉承"人无我有、人有我优"的发展理念,综合考虑小城镇的资源禀赋、产业优势、地理区位、市场潜力,从而为小城镇的功能和发展方向作出精准定位,实现小城镇差异化布局、错位发展,打造形成合理布局、明确分工、特色鲜明、功能互补的城镇发展格局,着力打造诸多优势互补的产业带动型、商贸物流型、休闲旅游型、文化生态型的小城镇。同时,更重要的是山东省各级政府在小城镇开发过程中,秉承"宜工则工、宜农则农、宜商则商、宜游则游"的发展思路,积极探索特色化的小城镇发展道路,打造了一大批具有不同鲜明产业特色、功能各异的小城镇。

最具代表性的是潍坊市实施的政府主导型小城镇建设方案。近些年来,潍坊市出台了《潍坊市特色小镇发展规划》《潍坊市新型城镇化规划(2015—2020 年)》等一系列推动小城镇发展的规划文本,强调要以特色

143

产业集群为引领,坚持差异化的特色发展战略,强化资源要素整合、城乡融合发展、政策扶持等举措,统筹小城镇生产、生活、生态"三生"发展空间,以诸城市昌城健康食品小城镇、寒亭区总部经济创新小城镇、安丘市景芝芝香醉美小城镇、昌乐县新能源汽车小城镇等特色小城镇建设为重点,利用特色小镇建设打造潍坊产业转型的新引擎、构筑创新创业的新高地、驱动城乡融合发展的新纽带、振兴乡村产业的新平台、彰显潍坊文化的"新名片",推动了潍坊特色小城镇持续健康发展。作为国家级首批特色小镇和山东省首批新生小城市试点镇,羊口渔盐特色镇处于寿光市北部地区、小清河入海口,"因海而生,因海而兴",近些年来凭借历史悠久的鱼盐文化和资源,精心培育海洋精细化工和盐业等优势主导产业集群,打造高质量的特色产业体系,成为名副其实的"中国盐业之都"。羊口镇充分利用天然优质的地下高浓度卤水,做大做强卤水化工和海洋盐业;大力发展新产业、新业态,打造了原盐深加工、钠、氯新能源、医药中间体等特色优势产业;加大对中国神华能源公司、中国华能集团公司、中国建材集团公司等大型国有企业的引进力度,大力发展壮大了高端石油化工、高端装备制造、临港物流等七大特色产业集群,从 2018 年以来连续入榜竞争力智库、中国发展改革报社等机构评选的中国百强镇榜单,2021 年位列中国百强镇第 79 名。

三、以制度创新推进小城镇发展

山东省在制定小城镇建设发展方案过程中将"后发优势"发挥到极致,充分吸纳先行先试的浙江、江苏等省区的已有经验,各地积极深化体制机制创新,为小城镇持续快速发展提供良好的制度环境。

具体而言,山东省聚焦小城镇建设过程中的土地要素、人才要素、资本要素,在政府主导型小城镇建设方案中注重制度创新,强化了土地制度创新、融资制度创新、科技研发制度创新、人才引进制度创新等,促进小城镇资源要素的高度集聚,为全省小城镇建设提供制度依托,保驾护航。

一是山东省市县三级政府对标全国先进省区,积极深化土地制度改革创新,构建了"城镇建设用地增加与农村建设用地减少相挂钩、城镇建设用地增加规模与吸纳农村人口进入城镇定居规模相挂钩、新增城镇建设用地指标与土地开发和整理数量相挂钩"的机制,切实满足小城镇建设的大量用地需求;并积极探索以农村宅基地换城镇住房、以农村承包地换社会保障的可行性操作办法,有效地实现社会保障对土地保障的替代,引导农村居民加速向小城镇集中。

二是山东省各级政府合理有序创新融资模式,开源、引流助推小城镇建设。长期以来,资金投入较少、融资渠道不畅是山东省小城镇建设难以实现高质量发展的重要制约因素。围绕这一难题,山东省各级政府强化金融体制机制改革创新。一方面"开源",按照全省小城镇建设规划,持续加大对全省小城镇发展的财政投入强度,扩充财政支持覆盖面;另一方面"引流",构建了面向全社会的小城镇建设投融资机制,畅通小城镇基础设施建设和公共服务投资的市场化融资渠道,引导私营企业、投融资机构等民间资本积极参与小城镇的长期开发、建设、管理,破解小城镇资金短缺的瓶颈制约。

从发展实践看,山东省通过强化土地制度创新、投融资制度创新、科技研发制度创新、人才引进制度创新等推动小城镇发展,积极以镇域农村新型社区建设为抓手扩大镇区面积和人口规模,不断改善小城镇交通、通信、教育、医疗卫生等基础条件,为镇域经济的发展壮大搭建了平台载体,生产生活投资环境都得到全面优化,极大地推动了农村剩余劳动力向小城镇的聚集转移,使之成为人流、信息流、技术流、物流、商务流、资金流集聚的区域性经济中心,强化了小城镇作为资源要素集聚中心的地位和作用,小城镇的龙头辐射带动和示范引领的作用和地位越来越突出,成为县域经济发展的新亮点和增长点。

最具代表性的是枣庄市高新区的政府主导小城镇建设方案。作为枣庄市唯一的国家级产学研创新示范基地,高新区以互联网、大数据、物联网、区块链、总部经济为驱动力,全面强化体制机制创新,着力降低驻镇企业的运营成本,全力打造互联网特色小镇,目前已经吸引近400家互联网企业在此注册。互联网小镇坚持流程再造的理念,不断加大行政审批制度创新,为企业提供全方位的优质而低成本的服务,持续优化营商环境,打造了企业一站式服务平台、电子商务服务中心、大数据产业服务中心等平台载体,为进驻小城镇的各类企业提供一条龙、全方位的"店小二、保姆式服务",目前互联网小镇已经集聚了浙江大学山东工业技术研究院、中移铁通有限公司枣庄分公司、常州大学枣庄技术转移中心、山东淮数大数据产业发展有限公司、中托金融、德信电子等430多家互联网高新技术企业。互联网小镇不断深化土地制度创新,通过政府回购、腾笼换鸟、破产清算等方式盘活低效利用的土地4000多亩,为互联网企业的发展提供了宝贵的发展空间。互联网小镇积极创新投融资机制体制,用活用好基金手段和加大财政奖补力度,大力引进具有良好市场前景、科技含量较高的工业企业。互联网小镇还不断创新人才引进制度,创建了山东省第二家省级专家服务基地,建设了800多套专家公寓,外地专家来到互联网小镇即可拎包入住。积极招引了大批国内外高新技术专业技术人才和团队,抱着"不求所有、但求所用"的柔性原则引进高层次人才。截至2019年5月,互联网小镇共引进201个常驻高层次人才,4个"柔性引才"专家,实现了高新技术人才的集中聚集。

四、积极促进小城镇建设"内涵提升"

小城镇建设是一项马拉松赛跑,短期经济实力的变化并不能显示小城镇建设全貌。市场资本的逐利性导致市场主导小城镇建设的重要弊端是重"外延拓展",即对小城镇建设经济指标关注度高,急于"做大做强"

成为通病,轻视"内涵提升",即对小城镇公共产品、公共服务供给以及城镇全面发展关注得少。这些弊端在亚洲的马来西亚、菲律宾小城镇建设表现得十分明显,拉丁美洲的墨西哥、巴西成为负面典型。山东省及各地市政府力求避免上述负面影响,注重城镇建设的长期效应,不断做大做强。

一是加大投入,小城镇城市建设投入力度不断加大。为了补足小城镇发展实力弱的短板,促进小城镇的发展,党的十八大以来,山东省不断加强对小城镇的投入,给予各项政策补贴,促进小城镇的发展。从 2018年开始,建制镇建设投资开始逆势上涨,2020 年,全省建制镇建设投资总额 996.55 亿元,镇均建设投资额 9304.85 万元,增长约 1300 万元。2019年山东省政府投入了 1.96 亿元财政资金,对全省 11 个新型城镇化试点镇给予了 1000 万元资金补助,43 个特色小镇 200 万补助,重点支持城镇道路交通、供水、供气、供热、污水垃圾处理设施建设和公共服务平台建设等。2021 年山东省在全国率先发布《小城镇镇区提升建设指引》,小城镇综合承载力进一步增强。49 个历史文化名镇全部编制保护规划,90%名村编制完成保护规划,125 个中国传统村落建立村落档案。通过加大小城镇投入、提供资金补助等措施,山东省小城镇的发展实力进一步增强。

二是积极推进小城镇的生态保护。以习近平总书记"绿水青山就是金山银山"的两山理论为指导,山东省政府主导小城镇建设过程中尽可能注重在可持续发展上实现突破,严格落实"生态红线"管理制度,把小城镇建设与生态环境保护统一起来,在经济发展和小城镇建设上实现生态化目标,既注重经济总量的扩张又注重生态环境质量的提高,将生态环境建设项目和小城镇开发建设项目全面对接,两者实现了统一规划、统一建设、统一验收、统一管理。具体而言,山东省市县三级政府以"打造乡村振兴齐鲁样板"为目标,加大资金投入力度,全面开展农村环境综合整治行动,改水、改厕、污水垃圾处理等农村"七改工程"正在全省大地如火如荼地开展,大大推动了小城镇生态环境的整体优化。例如,费县探沂镇是临沂市唯一的"中国特色小镇"、山东省最具发展潜力产业集群强镇和国家级高端木业制造基地。2018年以前,因为探沂镇产业以木料加工为主,木料相关企业3000多家,占到全镇企业总数的80%左右,较为单一,且大多数企业环保手续和治理污染设施不健全,被环保部门列为环保问题重灾区,导致探沂镇面临着较大的生态环境压力。探沂镇为了进一步提升城镇发展质量,有效治理环境污染,积极转变了经济发展方式,牢固树立绿色生态的发展理念,以整治"散乱污"小企业为重点,严厉惩处环境违法行为,坚决关停取缔了环境污染不达标的上千家工业企业,以腾退出来的3000多亩建设用地高标准建设了木料加工、物流配送、科技信息、黏合剂化工、建筑材料等"五大园区",并不断强化园区基础设施和公共服务,产业实现了"蝶变"升级,发展质量得到大力提升。探沂镇还积极构建"两清、一保、二治理、两整"的农村环境长效治理机制,实行了镇、村、组三级网络化环境治理体系,全力争创省级美丽乡村示范村。"两清"是指清洁乡村水体和清洁田园,使农民喝上清洁净化水,全面清理回收农药化肥包装袋(瓶)、废弃农膜等农业生产垃圾,实现农业废弃物回收再利用;"一保"是指保护水源地,确保饮用水源不被污染;"二治理"是指治理生活污水和畜禽养殖粪污,探沂镇投资了5000多万元建设了污水处理厂和污水管网,全面关停养区、限养区的畜禽养殖企业;"两整"是指整治路域环境和整合资源,确保路域干净整洁,没有明显的零散垃圾,全面整合财政资金和人力资源,形成多方参与、共同管理的生态环境整理体系,多措并举建设整齐、清洁、生态环保的美丽小城镇,努力实现人与自然的和谐共生。

三是积极推进小城镇基础设施和公共服务水平的提升。小城镇建设的社会成效是区分小城镇建设是否以人为本的标志,也是政府主导型小城镇建设的亮点。近些年来,山东省各级政府进一步加大资金投入力度,重点向小城镇民生领域倾斜,从整体上看小城镇的基础设施建设和公共服务水平得到了较为显著的提升。小城镇的供暖、供气、供水、供电、污水排放、道路建设等基础设施不断健全,文化娱乐、养老、教育、健康医疗、公共卫生、休闲健身等公共服务水平得到快速提升,小城镇综合承载能力显著提高,人口聚集度和产业聚集度全面提升,一座座宜居、宜业、宜游、宜商的品质性区域性中心逐步建成。特别是镇域经济的持续快速发展,镇域财政收入也得到了较大的提高,使得改善镇域基础设施和公共服务水平有了足够的财力保障。而且镇域中心的农村新型社区建设也在不断提速,吸引农村居民加速向小城镇聚集,农村居民市民化的进程取得明显进展。各小城镇持续增加民生领域资金投入,加快进行校舍整体质量建设工程,持续改善小学、幼儿园等基础教育的办学条件,加强农民创业创新激励力度,实施乡镇卫生院提升改造工程,加强农村四好公路建设,全面改善镇域的生产生活环境,让广大农民群众普遍享受到积极社会发展的成果。例如,作为2018年全国综合实力千强镇、山东省旅游强镇,青岛市胶州市李哥庄镇充分利用副县级管理职能和权限,以打造"一流的基础设施和公共服务设施"和"临空生态智慧小城市"为目标,着力实现李哥庄镇的民生公共事业由"镇"向"市"的积极转变。李哥庄镇坚持既要富"群众口袋"又要富"群众脑袋"的双富理念,高起点编制小城镇发展规划,高水平建设镇域基础设施和公共服务设施。近些年来,李哥庄镇真抓实干,勇于作为,统筹资源,先后投资了7000多万元加强农村养老设施、农村幸福院、日间照料中心和乡镇卫生院建设;投资了3亿多元加强镇域交通网络和农村道路建设;加强镇区供暖供气等建设,95%的农户用上了天然气;投资了近2亿元建成了能够容纳3000名学生的胶州八中,该校被评为省级规范化标准学校;投资了600多万元以政府购买服务的方式构建城乡环卫一体化的服务机制,市政、人居环境得到全面改善,镇域民生公共事业水平得到全面提升,农民群众的幸福指数也得到了大幅提高。

第二节　山东省小城镇建设的主要成效

山东省小城镇建设通过优化区域经济结构,发展特色镇、重点镇,放开落户限制,完善人口迁移政策,建立和完善城乡统筹的土地、财政投入等政策,建立健全"以城带乡""以工促农"的长效机制,小城镇建设取得了重大成效。

一、小城镇镇域面积呈增加态势,人口规模基本稳定

截至 2021 年年底,山东省共有建制镇 1072 个,主要分布在西南部,数量最多的五个地市分别为菏泽市 124 个、临沂市 118 个、济宁市 103 个、聊城市 98 个、德州市 91 个,这五个地市建制镇数量占到全省建制镇总量的五成,建制镇数量最少的是日照市和东营市,分别为 35 个和 23 个。全省建制镇镇域面积 11.75 万平方千米,占全省面积的比重为 74.44%,其中建制镇建成区面积合计 0.4 万平方千米,占镇域面积的 3.4%,2016—2020 年,全省建制镇镇域面积整体呈增加态势,由 11.51 万平方千米增加到 11.75 万平方千米。

镇域常住人口占全省常住人口比重基本稳定,2020 年,山东省建制镇域常住人口 5429.74 万人,比 2017 年减少了 133.65 万人,建制镇常住人口占全省常住人口的比重为 53.39%。2017—2020 年,镇域户籍人口由 5625.82 万人增加到 5688.76 万人,增加了 62.94 万人。全省各地市建制镇常住人口占比可以分为四个阶梯:菏泽市、枣庄市、临沂市、聊城市、济宁市处于第一阶梯,建制镇人口占比在 65% 以上;滨州市、德州市、泰安市、日照市、淄博市处于第二阶梯,建制镇人口占比在 50%—65% 之间;莱芜市、烟台市、东营市、潍坊市、威海市处于第三阶梯,建制镇人口占比在 40%—50% 之间;青岛市和济南市位于第四阶梯,建制镇人口占比低

于 30%。镇域常住人口的增加来源于两部分:一部分是不能融入大城市的返乡农民工。由于大城市的高房价、高生活成本,使一些进城务工人员不能长期居住于务工地。但这部分人既不能实现城镇化、市民化,又不愿离开城镇回归乡村,加上城镇比农村更有利于他们返乡创业,因此他们会选择回县城或建制镇买房定居,促使镇域建成区常住人口增加。另一部分是富裕起来的农村人口。小城镇相比农村,经济更发达,基础设施相对完善,具有更好的教育资源,对农村人口具有一定的吸引力。

二、小城镇经济发展水平不断提升,促进了城乡融合发展

为促进小城镇快速健康发展,2012 年起山东省实施了"百镇建设示范行动",在多方面给予小城镇重点倾斜和大力支持。在此基础上,山东省创新性地启动了"小(城)镇建设示范提升行动",即"1310 示范工程",通过扶优扶强、示范带动、梯级培育,探索形成城乡融合对接、头部城镇引领、特色城镇支撑、设施服务配套、改革赋能治理的小城镇发展模式。把特色小镇建设作为推进乡村振兴和新型城镇化的重要抓手,作为新旧动能转换的重要平台,梯级培育全省小城镇差异化、特色化、多样化发展。通过不断探索发展和扶持,形成了头部引领、特色支撑、设施配套、改革赋能的小城镇发展模式,山东省全国百强镇从无到有、增加到 6 个,综合实力不断提升。山东省持续推进山东特色镇村建设,集中打造 156 个地域文化鲜明、建筑风格多样、田园风光优美的美丽村居建设省级试点,到2021 年年底,山东拥有中国历史文化名镇 4 个、名村 11 个,省级历史文化名镇 45 个、名村 61 个。

山东省千强镇数量较多,据中国中小城市发展指数研究课题组、国信中小城市指数研究院发布的"2021 年中国中小城市发展指数研究成果"显示,山东省有 67 个建制镇入选全国千强镇。山东省农业产业强镇建设数量居全国首位。小城镇所处的地域和空间决定了它不仅是促进农村经

济全面发展的突破口,也是实现农业农村现代化、加快城乡融合发展的重要环节。山东省小城镇的发展,不仅加快了农村城市化的进程,促进了农村富余劳动力和农村人口向城镇转移,同时,城镇的资本、人才、先进技术等生产要素流入乡村,实现了生产要素在城乡之间的流动。小城镇毗邻乡村、贴近农民、连接城乡、亦城亦乡,且进入门槛低、各种束缚少,既是城乡之间资源要素双向流动的重要依托,又是农民深度融入城镇的重要场所,因而是吸纳农业转移人口、推进以人为核心的新型城镇化的重要载体,是推动城乡融合发展的重要枢纽和依托。通过小城镇的差异化、特色化发展,山东农村居民的就业、收入都有了显著的提高。小城镇对乡村发展起到了支持和带动作用,成为农民感受城镇文明和现代文明的窗口、提高农民综合素质的平台。

三、小城镇建设带动了就地城镇化和居民生活水平提升

省镇域经济的发展和城镇建设水平的提升,促使大量农村劳动力被吸纳到小城镇就地就近转移就业。从山东省的情况来看,就近就地城镇化的比重较大,据统计,全省流动人口中的 85% 是在省内范围流动,这些人口中又有 50% 以上的人口是在县内范围转移。近二十年以来,大城市以房价为代表的综合生活成本迅速上升,成为制约城镇化发展的重要门槛,县城和镇成为现阶段山东省农业转移人口落户和购房的首选地。

小城镇建设改善了农村居民的居住环境,提高了生活质量。山东省小城镇建设过程中,部分农村人口从周边农村搬迁至镇上的商品房或新型农村社区,迁移后的居住、生活环境大为好转,商店、超市、交通等生活配套更为便利。另外,迁移后的新居住区往往也是工业、服务业发展相对发达的地区,方便了工作上班,还为部分人的创业和打工提供了便利条件。小城镇都设置了幼儿园-医院、文体站等公共服务设施,方便农村居民看病,子女上学。到小城镇居住相比向大中城市的转移而言,迁移成本

相对较低,且一次性地解决了迁移人口的住房问题,避免了农村留守儿童、留守妇女多等社会问题,避免了异地转移带来文化观念、生活习俗差异大的问题,迁移人口大多能较好地融入新的社区和生活环境。

四、小城镇基础设施水平和公共服务水平逐步提升

近些年来,山东省深入开展城市品质提升行动,完善基础设施,优化基本公共服务供给,弥补发展短板,城市人居环境持续改善。同时,从2018年以来,山东省遵照习近平总书记的指示要求,开始打造乡村振兴齐鲁样板,开展乡村建设行动,在小城镇和农村地区,持续提升农村基础设施建设水平,统筹推进农村路网建设、供水保障等行动,加快补齐公共基础设施等短板,健全完善农村路、水、电、气、物流、通信网络,加快推动城镇基础设施向农村延伸,围绕加快推进农村基础设施网建设,聚焦乡村发展、乡村建设、乡村治理"三大重点",研究谋划了一批投资规模大、带动能力强、综合效益好的项目,通过项目建设,带动农村基础设施和公共服务水平全面提升。

建制镇供热、供气、供水能力及垃圾处理能力进一步提升。2020年,全省建制镇集中供热面积1.32亿平方千米,是2016—2019年集中供热面积(356.54万平方千米)增加数量的2.4倍。燃气普及率不断提高,与城市(县城)的差距缩小,2019年,全省建制镇燃气普及率达到73.4%,较县城的燃气普及率低24.54个百分点,两者差距较2018年缩小2.26个百分点。供水普及率和人均日生活用水量双提升。全省建制镇供水普及率达到94.19%,集中供水建制镇达到1067个,占比99.63%,建制镇人均日生活用水量达到85.05升,较2019年增加0.28升。各市人均日用水量差异显著,滨州和淄博超过100升,青岛、威海、聊城低于80升。污水处理能力大幅提升。2022年山东省印发规划,加强城镇污水处理及资源化利用,明确了"十四五"时期城镇污水处理及再生利用的主要目标,到

2025年,全省建制镇生活污水处理率达到75%。生活垃圾处理能力提升。为改善村容村貌和农民生活环境,山东省确定了"户集、村收、镇运、县处理"的思路,积极推进城乡生活垃圾处理一体化,根据村镇人口规模,安排卫生保洁员,设置垃圾收集点,建设垃圾转运站,配置垃圾转运车辆,送至当地垃圾处理场集中进行无害化处理。全省建制镇生活垃圾处理率为99.95%,生活垃圾无害化处理率为96.8%,提高了0.71个百分点。全省建制镇生活垃圾处理率达到100%的有1050个,占比达到97.86%,生活垃圾无害化处理率达到100%的有885个,占比为82.5%。

建制镇的公共服务水平进一步提升。党的十八大以后国家对农村教育体制的改革逐步深入,不断提高农村校舍建设标准和条件,加强农村学校师资队伍建设,增加教育资金投入,免除义务教育阶段学生学杂费等。2015年11月国务院下发了《关于进一步完善城乡义务教育经费保障机制的通知》,提出"从2016年春季学期开始,统一城乡义务教育学校生均公用经费基准定额""从2017年春季学期开始,统一城乡义务教育学生两免一补政策"。从2017年起,我国城乡义务教育阶段的学生开始享受免除学杂费和免费教科书的政策,家庭困难学生还享受到生活补助政策。山东省在义务教育的城乡统筹方面主要聚焦解决"乡村弱、城镇挤"难题,加快推进城乡义务教育一体化改革发展。自2015年启动实施消除大班额问题工作,经过五年努力,累计完成投资1600亿元,新建、改扩建中小学校3890所,新增中小学学位334.42万个,到2020年全省中小学56人及以上教学班基本消除。近些年来,山东建制镇的小学教育机构增加,在校学生和教师数量持续减少。2020年,小学数量达到了7056所,小学在校生为267.44万人,比2019年减少了17.66万人,镇均小学在校生2495人,减少127人。在校学生和教师占全省比重下降,生师比优于全省平均水平。建制镇的医疗服务能力进一步提升,2020年,全省建制镇医疗卫生机构数37895家,占全省比重44.7%。医疗卫生机构床位数

12.63 万张,每万人拥有医疗机构床位数 23.26 张,仍低于全省平均水平。

五、小城镇特色化发展越来越明显

特色小镇培育和发展工作是贯彻落实党中央、国务院关于推进特色小镇、小城镇建设要求的重要举措,也是持续改善农村人居环境,提高农村公共服务水平的重要抓手。2016 年山东省政府印发《山东省人民政府办公厅关于印发山东省创建特色小镇实施方案的通知》,要求加快推进特色小镇改造工作,对"特色小镇建设"进行了周密的部署安排,从 2016 年起,省财政安排 1.1 亿元的特色小镇财政资金,积极支持特色小镇创建,用于其规划设计、产业结构调整、设备配套和公共平台成立等。经过近些年的发展,山东省各类型城镇因地制宜,差异化、特色化高质量发展成效突出。特色优势产业发展壮大,吸纳就业能力显著增强。公共资源配置与常住人口规模基本匹配,短板弱项进一步补齐补强。市政设施基本完备,公共服务加快完善。人居环境更加优美,综合承载能力持续提升。

小城镇绿色化转型发展更加明显。2018 年上半年,山东省组织实施造林绿化十大工程,打造乡村振兴国土绿化的齐鲁样板,这"十大工程"分别是森林城市创建工程、乡村绿化美化工程、林业生态修复保护工程、森林生态廊道建设工程、山区生态绿化工程、规模化生态林场建设工程、林业科技创新工程、生态效益补偿工程、绿化用地保障工程、社会造林绿化工程,其中第一项工程提出每年建成 50 个森林乡镇、500 个森林村居,全省建制镇绿化环境不断优化,绿地面积逐年增加。2020 年,全省建制镇建成区的绿化覆盖率为 24.55%,建成区绿地率 16.26%,人均公园绿地面积为 5.08 平方米。

小城镇的特色化发展更加明显。山东省有称号的特色镇总计有 131

个,其中国家级特色小镇 22 个,省级特色小镇 109 个。特色小镇类型丰富多样,数量最多的是特色产业型小镇,数量为 6 个,占山东省国家级特色小镇的比重为 27.3%;资源禀赋型 5 个,占比为 22.7%;历史文化型 4 个,占比为 18.2%。从全省区域分布看,除东营市还没有国家级特色小镇以外,22 个国家级特色小镇在全省各地市布局数量没有明显的地域差别。109 个省级特色小镇,也是类型丰富多样,其中工业制造类最多,以自然景观、休闲娱乐、人文景观类次之,以新型能源创新产业类型小镇数量最少。从特色小镇在山东地区的分布情况来看,位于东部沿海地区的特色小镇多以休闲养生和自然景观为主,位于西部地区的特色小镇则以文化创意和物流商贸居多,而位于中部地区的特色小镇则以工业制造、文化旅游居多。

总体来看,山东省充分发挥政府主导型小城镇建设相对优势,各地不断增强政府对小城镇建设的宏观调控力度,为镇域经济的发展壮大打造宽广平台,秉承"宜工则工、宜农则农、宜商则商、宜游则游"的发展思路,积极探索特色化的小城镇发展道路,打造了一大批具有不同鲜明产业特色、功能各异的小城镇。积极深化农村土地制度、财政制度、投融资制度等体制机制创新,为小城镇持续快速发展提供良好的制度环境。小城镇建设和发展速度快中趋稳,势头良好。同时,反映小城镇发展质量内涵的劳动力充分就业、经济发展可持续、社会治理有效、居民生活高质量、生态环境良好等五大指标也在齐头并进,向好发展,整体上实现了小城镇发展由"外延拓展"向"内涵提升"的转变,强化了小城镇作为资源要素集聚中心的地位和作用,有效地推动了镇域经济的快速健康发展。

但是,山东省政府主导型小城镇建设和发展仍然存在着一些制约因素。主要表现为小城镇仍然存在规模偏小、要素聚集能力偏弱、基础设施和公共服务设施不完善、管理权限不够、可持续发展能力不足、文化生态环境建设重视不足等问题。其中产业发展对小城镇的拉动力不足仍是制约小城镇发展的关键问题。产业发展是小城镇建设的生命力和灵魂所在,产业集聚对城市规模的演进起到了决定性的内生作用。山东省当前占据较大比例的小城镇仍然以农业为主要产业,属于典型的农业依托型小城镇,还没有形成自给自足的强势主导产业,也没有形成产业专业化优势,无法充分带动整个镇域经济的发展壮大。大多数小城镇的产业属于劳动密集型、科技含量低、进入门槛较低、容易产生环境污染的低端加工业,产业结构同质化的现象仍然较为普遍,产业发展还主要依赖劳动土地低廉、产品低端、竞争低价等传统发展思路,如大多以农副产品的简单粗加工、水泥玻璃粗加工、食品服装简单加工等,整体上还处于产业链和价值链低端。同时,也面临着产业项目比较分散、产业体系不完善、产业之间关联度不高、产业发展集群尚处于初级阶段等问题。

第八章　推进山东省小城镇发展的
思路对策

　　相比于江苏、浙江、广东等省份的小城镇发展来说,山东省小城镇的发展起点较低,发展空间更加广阔。从 2018 年起,山东省加快打造乡村振兴齐鲁样板,村镇的发展逐步加速,为山东省小城镇发展提供了良好基础。在新的历史阶段,小城镇作为新型城镇化的基本单元和乡村振兴的直接载体,发挥着上接县城、下连村庄的纽带作用,发展的意义和作用日益突出。今后,山东省小城镇建设需要重视和强化规划的科学性、发展的差异性、产业的特色性、设施服务供给的普及性、生态环境保护的优先性、体制机制配套的创新性,多措并举把小城镇打造成为农民服务的区域中心,并聚力推动一部分基础好、活力足、实力强的大镇率先成长为所在县域人口集中的新主体、产业集聚的新高地、功能集成的新平台、要素集约的新载体,逐步升级为小城市,实现由"镇"向"城"的全面转型。

第一节　山东省小城镇建设需要重视
规划的科学性

　　规划在小城镇发展中起着重要的引领和调控作用。2014 年 2 月,习近平总书记考察北京时指出,规划科学是最大的效益,规划失误是最大的浪费,规划折腾是最大的忌讳。通过对山东省内不同地区小城镇建设的差异化实践对比发现,科学规划对小城镇的可持续发展至关重要,是搞好小城镇建设的基础和前提。小城镇规划,要在更高标准、更高层次、更高起点上,结合自身资源禀赋、区位优势、发展基础等,统筹谋划区域布局中的角色定位、特色主导产业的选择、未来人口规模、基础设施建设和公共服务供给策略,既要有前瞻性、超前性,又要符合实际,可落地可实施。

一、拓宽规划视野,在更高起点上谋划小城镇发展

谋划小城镇发展,首先应注重凝聚以人民为中心的高质量发展共识,依靠科技创新和制度创新"双轮驱动",强化规律、问题、目标、结果"四大导向",统筹优化人口、产业、空间、城乡"四大结构",聚力提升绿色发展、动能转换、载体建设、城乡融合、区域协同、社会治理"六大品质",整体提升小城镇发展活力,使之成为既能主动承接都市圈要素梯度转移,又能有效辐射周边乡村的区域中心。

一是凝聚一个共识。思想是行动的先导,小城镇高质量发展,前提应是凝聚高质量发展的思想共识。新时代推动小城镇建设,根本在于解决小城镇发展质量"高不高"、城乡居民"满意不满意"等关键问题,核心就是要以人为核心,围绕响应全体居民的全面需求这个中心,完善人本服务,营造健康环境,促进空间公平,倡导共享治理,实现高质量的规划布局、高质量的基础设施、高质量的公共服务、高质量的人居环境、高质量的镇村治理、高质量的人口集聚的有机统一。

二是坚持双轮驱动。创新是引领发展的第一动力。小城镇发展软环境主要依赖制度创新,通过深化公共产品供给机制、户籍制度、农村土地制度、现代社会保障制度等,畅通城乡要素双向流动渠道,促进镇村人口有序流动和空间资源高效配置。而小城镇发展的硬环境主要依靠科技创新,新技术、新业态将更好地推动城镇产业空间和用地结构变化,优化和

重塑小城镇功能和内部空间结构,提升小城镇空间治理水平,使得小城镇空间营造和管理更加智慧、有序。

三是强化四个导向。首先,强化规律导向,超前研判、充分尊重小城镇发展的客观规律,比如要尊重自然、保护生态,摒弃先污染后治理的城市建设老路。其次,坚持问题导向,抓准主要矛盾和矛盾的主要方面,密切关注发展不平衡不充分这一更加突出的矛盾,更加聚焦满足小城镇居民日益增长的美好生活需要。再次,坚持目标导向,深刻把握小城镇建设的新内涵、新需求、新定位,把发展愿景转化为具体行动,以强烈的目标意识引领小城镇更好、更稳健、更可持续地发展。最后,坚持结果导向,用小城镇居民的获得感、幸福感、安全感来衡量小城镇建设成效,从根本上体现和践行以人民为中心的发展思想。

四是优化四个结构。统筹推进小城镇人口、产业、空间、城乡结构优化,促进产城融合、人城融合、城乡融合。优化人口结构,积极应对小城镇老龄化、少子化问题,提升人口素质结构和人口流动结构,增强小城镇发展的人才红利,延续人口红利。优化产业结构,提高现代农业发展水平和质量,加快工业新旧动能转换,增强服务业发展活力,进一步夯实小城镇发展的产业支撑基础。优化空间结构,深度融入都市区、县域现代城镇体系布局。优化城乡结构,促进镇村要素双向有序流动,形成城乡融合发展新格局。

五是提升六种品质。提升绿色发展品质,这是小城镇区别于大城市的突出优势,要着力建设高品质绿色、韧性、健康小城镇,增强小城镇可持续发展能力。提升动能转换品质,强化科技创新对小城镇的引领和支撑作用,推动一二三产业融合发展。提升载体建设品质,提高设施和服务供给品质,吸引更多周边农村居民在小城镇定居,打造县域人口集聚新高地,增强就地市民化能力。提升城乡融合品质,促进城乡要素双向自由流动,打造城乡价值共同体。提升区域协同品质,主动融入所在都市区、经济圈,特别是县域一体化发展,增强协同发展活力。提升社会治理品质,构建全民共建共治共享的小城镇治理新格局。

二、强化规划统筹,在更高层次上优化小城镇布局

山东省要推动小城镇发展从"服务经济增长"转向"提供优质环境",把小城镇建设纳入所在县域及更大区域协调发展的重要战略节点,从整体和全局的角度谋划小城镇定位及布局问题,在市域、县域大开放格局下,明确小城镇更具差异性、更有竞争力的功能定位,推动小城镇与县域、所在都市区和经济圈内各城市在空间规划、基础设施、要素流动、产业布局、生态建设等方面紧密对接,在一体联动、分工合作中释放规模效应,实现错位发展。

一是建立双向衔接的规划沟通机制。强化市、县层面对于小城镇空间布局、土地指标、建设时序等的统筹协调,建立上下贯通的规划联络机制,市、县相关部门在研究制定发展战略、行业规划、专项政策、重大项目时,应重点征求相关小城镇意见,并优先把基础条件好、发展潜力足的小城镇列入重点支持范围;统筹研究市域内、县域内各城镇之间的相互关系,合理安排小城镇的产业布局和功能分区,通过小城镇与主城区、小城镇间产业布局、交通规划等联动发展,统筹解决好各镇自身难以解决的资源共享、环境保护、基础设施、公共服务等重大问题,引导小城镇与其他城镇、城市之间加强合作,达到有限资源的合理利用。小城镇在制定发展规划、谋划发展定位时,应主动征求市、县相关主管部门意见,确保政策规划科学、可实施、可落地;在考虑镇区发展的同时,还需强化镇区与镇域内村庄的关联度及融合度研究,突出小城镇内部镇区对农村的辐射带动作用,分类推进村庄规划和布局,合理确定村庄撤并数量及其空间分布。

二是强化收缩型小城镇规划调控。近年来,相对于大中城市,小城镇总体上发展滞后,功能不完善,设施短板多,空间形态上多数和农村差别

不大,人口流动与"由村到市"迁移相比,"由村到镇"迁移弱化趋势十分明显,小城镇无论是镇域常住总人口,还是建成区常住人口,多数均呈现出减少态势,县城成为农村人口就近进城的优先选择,小城镇未来不会成为承载人口和经济活动的主力,城郊融合型、工贸带动型、文旅主导型等的小城镇将持续发展,而一些农业主导型、生态涵养型等的小城镇呈现收缩态势。新形势下,"有重点地发展小城镇"将成为我国小城镇建设的主导方向,对于人口持续外流的城镇,应打破"必须增长"的观念桎梏,科学确定和严格控制小城镇增长边界,摒弃增量扩张,坚持总体减量、做优存量的原则,按照常住人口优化资源配置,合理布局居住区周边的医疗、养老、文体娱乐、教育培养、便民商业、行政服务、公共空间等设施,推动小城镇转型发展。

三是加大小城镇存量规划管控。土地是制约小城镇发展的重要瓶颈,经过多年的发展,小城镇建成区得到了迅速扩大,但土地利用效益不高的问题日益突出,尤其是一些小城镇缺乏产业和人口支撑,规划应重点盘活存量土地资源,科学确定存量用地再开发的主要目标与重点区域,优先用足城镇存量空间,减少盲目扩张,实现土地精明增长。通过城镇间交通规划,实现城镇之间联动发展,加快区域空间集约化进程;完善小城镇空间结构,加强产业集聚,进而吸引劳动力资源和公共资源集聚。加强存量规划研究和存量用地挖潜,提高土地利用效率,合理确定再利用土地的用地性质与开发强度。探索实行工业用地长期租赁、先租后让、租让结合等灵活多样的供地方式,引导土地使用者在市场机制驱动下主动进行存量建设用地挖潜。

三、完善规划体系,在更高标准上指导小城镇建设

适应小城镇要素有序流动的客观要求,完善国土空间规划体系,引导产业集聚发展、人口就地就近城镇化、土地集约利用,统筹公共资源配置。

　　一是要深化完善"多规合一"的规划体系。统筹研究和编制实施小城镇国土空间规划,推动小城镇总体规划与市、县新型城镇化、乡村振兴规划,以及相关专项规划紧密衔接,加强镇村布局、村庄建设、农业发展、乡村旅游、水网水系等规划间的融合协调,形成"多规合一"的规划文本,统领未来小城镇发展布局。完善特色产业规划、生态保护规划以及其他专项规划,如交通规划、市政工程规划等,其编制实施应以小城镇国土空间规划为上位规划,以其作为编制依据。有效衔接不同规划之间的目标体系、指标体系和空间布局坐标体系,解决各类规划自成体系、内容冲突和不衔接、不协调等问题。比如,对于土地利用规划,要着力控制永久基本农田面积、城镇建设用地规模和禁止建设区面积等内容,而对于产业发展规划提出的产业结构、经济发展指标等内容,在落实产业用地的同时,应根据城镇建设用地规模和地均产出,反向校核产业发展规划中经济发展指标的合理性。

　　二是坚持功能复合的规划原则。统筹好镇村建设用地和农业用地,统筹好城乡生产空间、生活空间和生态空间"三生空间",统筹好小城镇的产业发展、文化生态、旅游休闲和社区居住"四大功能",既注重打造现代化、信息化、舒适化、便利化的生产生活环境,也强调历史传统文化古迹、物质文化遗产的保护,在历史传承中赋予和激活小城镇原生的乡土文化生命力。

　　三是完善规划"留白"机制。小城镇建设与发展存在一定的不确定性,受外界因素影响较大,变化较快,这就要求对未来空间需求变化作出合理的超前预判,在此基础上建立完善规划"留白"机制,预留一定空间作为留白区,作为响应未来高质量发展和可持续发展的弹性空间。鉴于小城镇自身建设用地少,可调整的空间有限,规划留白作为一种新的规划编制方式,应立足小城镇实际,科学研判趋势,有针对性地进行留白。

第二节 山东省小城镇建设需要突出 发展的差异性

山东省共有建制镇一千多个,各个小城镇区位条件不同,资源禀赋、发展基础各异,在区域布局中的总体定位、要素集聚态势千差万别,不可能按照固定的模式、统一的路径建设小城镇。本书解剖的山东省各地区小城镇建设实践案例,均充分表明小城镇建设必须坚持差异化发展策略,因镇施策,才能从根本上激活小城镇潜力,突出重点、差异发展,将是小城镇建设的主导策略。

一、注重发挥小城镇区位优势

当前,从全国来看,经济发展动力极化现象日益突出,山东省也面临人口和经济向大城市及城市群集聚的趋势,习近平总书记指出:"产业和人口向优势区域集中,形成以城市群为主要形态的增长动力源,进而带动经济总体效率提升,这是经济规律。"[①]山东省规划布局的省会经济圈、胶东经济圈和鲁南经济圈,已呈现出一体化发展的良好态势,正在引领着全省经济持续快速发展,这也为小城镇建设带来了前所未有的机遇,今后应充分发挥城市群、经济圈在辐射带动小城镇发展中的重要作用,引导位于城市群内的小城镇立足自身优势,从整个城市群、经济圈全局来谋划自身的功能定位,在主动融入城市群、经济圈一体化发展中实现争先进位。

对于大城市周边产业基础较强的小城镇,要充分利用好这种地缘区位优势,做好大城市的卫星城,主动接受大城市的经济辐射带动,参与大城市产业分工,积极承接大城市产业转型升级所转移过来的产业,主动承

---

① 习近平:《推动形成优势互补高质量发展的区域经济布局》,《求是》2019 年第 24 期。

载大城市休闲度假、文化旅游、教育卫生、健康养生、物流仓储等一部分经济社会功能,缓解大城市产业布局不合理、承载能力不足、交通拥堵等难题,与大城市形成紧密型的经济共同体。

对于县城周边的小城镇,要加快与县城一体化发展的步伐,与县城同步规划、协同发展、组团发展、共享发展,主动融入县城经济社会发展进程中,引导资源要素向镇区集聚,成为县域发展副中心。

对于那些地理位置相对偏僻的小城镇,如果特色产业发展基础好、人口集聚能力相对较强,就要做大做强特色产业,加快完善基础设施和公共服务设施,进一步提升其辐射带动水平,使之成为区域性重点小城镇;如果缺乏特色产业支撑、设施服务欠账较多、人口持续外流,应实施精明收缩策略,根据常住人口规模完善设施服务或与周边重点小城镇合并发展。

二、准确研判小城镇发展阶段

山东省小城镇数量众多,平均用力、齐头并进既不符合客观规律,也超越了当前经济社会可承受水平。江苏、浙江、广东等省多年来坚持在经济强镇、区位重镇中择优培育小城市,福建、四川、辽宁、湖南等省近几年也相继出台了小城市培育政策,"十四五"时期,随着城乡居民美好生活需求更趋多元化、品质化,产业弱、服务差、人气低的镇将难有大作为,培育发展小城市,优先为产业强、活力足的镇扩权赋能,让城镇真正强起来、大起来,实现由"镇"向"城"转型升级,日益成为山东省小城镇建设的主导方向。另外,一些小城镇人口持续净流出,总体上处于衰退阶段,应重点做好收缩文章。因此,推进山东省小城镇建设,要综合研判其产业发育、建设形态、服务供给和要素集聚水平,科学确定小城镇发展阶段和未来发展态势,立足县域、市域甚至更高层面,分类明确发展策略和建设时序。

对于已具备小城市气质,但城市的品质还不高的建制镇,比如山东省青岛市的泊里镇、东营市的大王镇、枣庄市的西岗镇、威海市的张村镇等，年财政收入均超过5亿元，建成区常住人口超过5万人，未来人口集聚趋势明显，这类小城镇建设要突出一个"精"字，按照小城市的标准持续加大培育力度。要做精特色产业，把产业高精尖发展作为动能转换的重心，培育特色产业、优势企业，加快产业优化升级。要建设精致城市，倡导混合用地，提高产出效率，促进精明增长；重视城市设计，彰显城市特色。要加强精细管理，用好现代信息技术和互联网技术，促进智能技术在社区建设、城镇管理的应用，提高小城镇智慧管理水平。要集聚精英人才，人是小城镇发展的决定性因素，要引导更多的中高端人才优先向这类小城镇集聚，优化人才结构，同步放大人口红利和人才红利。

对于城镇发展框架初步拉开、小城市气质还不足的建制镇，比如山东省济南市的玉皇庙镇等，年财政收入超过2亿元，建成区常住人口超过2万人，未来人口集聚的活力较足，这类小城镇建设要主攻一个"强"字，推动其向小城市加快转型。要做强产业实力，重中之重是发展实体经济，做强特色产业，加快工业园区转型，使其成为产城人文一体发展的新引擎。要增强城市能级，突出做好增量文章，确保小城市人口有增长、经济有活力、功能品质有提升，不断巩固在县域发展中的次中心地位。

对于经济实力较弱、"镇"的影子浓而"城"的形象弱的建制镇，年财政收入大多不足2亿元，建成区常住人口不足2万人，近年来人口集聚基本保持稳定态势，山东省这类建制镇数量最多，发展策略上注重一个"全"字，在补全基础设施和基本公共服务欠账的基础上，根据自身条件适当提高设施供给质量，尽快将其打造为服务农民的区域中心。要积极扬优势、强特色，在小空间里推动生产、生活、生态"三生融合"，产城人文"四位一体"，着力补全基本公共服务，健全城镇管理体制，实现由乡村管理服务为主向以提供小城镇管理服务为主转变。

党的十九届五中全会审议通过的《中共中央关于制定国民经济和社

会发展第十四个五年规划和二〇三五年远景目标的建议》明确要求,立足资源环境承载能力,发挥各地比较优势,逐步形成城市化地区、农产品主产区、生态功能区三大空间格局。上述三类小城镇大多处于城市化地区,总的方向是促进经济发展和人口集聚,加快建设现代化产业体系,率先实现高质量发展。而处于农产品主产区的建制镇,今后应主要发展农业生产,山东省支持农业发展的相关政策优先向这类镇聚焦。对于生态功能区内的建制镇,要引导人口逐步向外有序转移,从根本上减轻生态功能区的承载压力,同步增强这些地区人民的就业致富能力。而对于农产品主产区或生态功能区内,且人口呈现持续萎缩态势的建制镇,在发展策略上重点突出一个"美"字,在规划导向上强调精明收缩,同步壮大绿色经济,建设绿美生态,创造和美生活。

第三节　山东省小城镇建设需要培育特色主导产业

产业是小城镇发展的根基。与浙江、江苏、广东等省的市场主导型小城镇相比,山东省的小城镇多数缺乏特色支柱产业的支撑,导致这类小城镇就业岗位普遍不足,难以有效吸引周边人流、物流、信息流、资金流集聚,影响了小城镇可持续发展水平。今后应立足小城镇自身资源禀赋和区位特点等基础条件,科学研判产业发展的市场前景,在培育主导产业、发展服务经济上实现新的突破。

一、突出抓好主导产业培育

将小城镇特别是小城市作为山东省不同区域产业布局的重心,根据资源环境和区位特点,从市、县层面统筹布局小城镇产业发展,改造提升存量,培育优化增量,做强做好优势产业,全面提升小城市产业效率和效益,避免同质竞争和"撒胡椒面"式发展。完善市、县、镇间项目引进和利益共享机制,引导产业向小城镇集聚发展,市、县招商平台引进的项目,符合小城镇主导产业发展方向的,优先向小城镇布局。强化特色小镇功能平台建设,对于特色农产品优势突出的特色小镇,比如山东省聊城市堂邑镇的葫芦小镇、德州市尚堂镇的石斛小镇等,要做大做强这些优质、生态、安全的农产品品牌,积极吸引一些具备较强科技实力和资本雄厚的工商资本,延伸延长农产品产业链、价值链和供应链,大力发展特色农产品精深加工业,加快推进农业产业化,不断拓展农业的多功能性,将特色优势农业产业与文化、旅游、康养、物流等产业深度融合,打造农业发展新产业、新业态、新模式,提升农产品附加值,全面促进优势产业高质量发展,助推小城镇产业发展"特而强",加速实现乡村振兴。对于生态环境良好、文化旅游资源较为丰富的特色小镇,比如济南市西营镇生态旅游小镇、枣庄市徐庄镇休闲慢游小镇、青岛市藏马山医养小镇等,可考虑将生态休闲、乡村民俗文化体验游作为主导产业。对于工业基础雄厚的特色小镇,比如青岛市李哥庄镇制帽小镇和蓝村镇动车小镇、泰安市石横镇的化工小镇、聊城市烟店镇的轴承智造小镇等,应大力实施新型工业化战略,加快推进传统工业转型升级,培育优势产业集群,完善配套产业链条,促进优势产业集聚发展,打造具有核心竞争力的特色支柱产业。

二、大力发展小城镇服务经济

对于区位优势明显、交通条件便利的小城镇,可积极发展餐饮、住宿商贸、电商物流、产品批发等产业,提高服务业发展水平。对于有条件开展小城市培育的镇,应积极开发特色旅游业、休闲娱乐产业,推进山东省夜色经济发展,加快培育发展餐饮、星级酒店、大型综合商贸业,打造区域性商贸集聚中心,培育小城市品质生活;围绕小城市主导产业,积极发展生产性服务业,培育数字生产、生活性服务业,推动社区商业发展O2O、精细化定制、"微生活""云社区"等新型服务模式,为增加小城市就业岗位、增强可持续发展能力提供有力保障。

三、深入实施创新驱动战略

积极发展数字经济,支持有条件的镇加快 5G 设施规划布局,推动数字技术与实体经济全面深度融合发展。强化"互联网+"协同创新,通过制造行业、物流行业和物联网产业实现大数据融合创新,促进航空物流、智能制造等行业大数据产业发展。支持经济强镇、重点示范镇培育科技型企业,支持现有企业实施技术改造,加快培育"专精特新"小巨人企业,努力形成乔木参天、灌木茁壮、小草葱郁的企业发展新格局。深化小城镇"亩产效益"改革,强化激励和倒逼机制,县级以上重点镇的亩均税收年均增速应率先达到全县平均水平。

第四节　山东省小城镇建设需要补齐
设施服务短板

小城镇的基本功能定位是服务农民的区域中心,尤其是作为农业大省的山东,小城镇服务农民的特色更加明显,这种服务功能依赖于小城镇基础设施和公共服务供给水平。基础设施属于小城镇建设的硬件支持系统,公共服务属于小城镇建设的软件支持系统,强化小城镇服务农民的区域中心功能,既不能只重视基础设施建设忽视公共服务供给,也不能轻视基础设施建设只重视公共服务供给,二者应同步规划、统筹配套,才能有效保障小城镇综合承载能力。小城镇基础设施和公共服务要从县域、市域甚至更广区域统筹布局,促进周边大城市、县城的设施服务向小城镇延伸覆盖,促进相邻小城镇设施服务共建共享,以最大程度发挥出小城镇基础设施配置效率和公共服务供给水平。

一、优化内联外畅的交通网络

加快建设"路网密、节点通、快慢有序"的交通网络,优先强化小城镇与县城、市区以及市外城镇的交通联系,将小城镇纳入市域、县域交通基础设施布局,规划实施一批快速路、轨道交通建设项目,具备条件的要积极开行或加密小城镇至主城区的市域(郊)列车,打通小城镇同重点交通枢纽的断头路。加强"农村四好公路"建设,改造提升镇域内道路,提高路网运行效能。完善城际公交、镇村公交、旅游公交"三位一体"的全域公交网络和直达快线、干线公交、支线公交、微循环公交"四位一体"的区域公交网络,促进城乡客运网络有效衔接和区域交通融合。加强地下空间、立体空间、边角地利用,加快建设停车场,增强交通服务的集约度和便利性。

二、打造精致智慧的现代镇区

对于人口集聚态势明显的小城镇,要超前研判镇区内常住人口美好生活新需求,推动小城镇功能区重组,促进产中有城、城中有产、产城一体、联动发展,破解产城分离,实现职住平衡。根据提升小城镇服务品质的需要,在满足居民基本公共服务供给的同时,积极开展服务提标提质行动,研究制定近期、中期、远期相结合的小城镇人口市民化服务供给梯度标准,创新推行 EOD 模式①,培育长租房市场,集聚优质公共资源向小城市倾斜,推进小城市教育、卫生、便民服务、文体活动、科技服务、社区服务等公共设施建设,打造 5 分钟邻里生活圈、15 分钟社区生活圈、30 分钟镇村生活圈,更好地满足居民优质教育、优质医疗、品质住房、高品质文化消

---

① EOD 模式,即 Educational facilities Oriented Development,以学校等教育设施为导向,以学校建设带动整个周边区块土地增值,将土地的增值反哺学校的建设,进而促进教育发展和城市品质提升双赢。

费需求。支持有条件的小城镇加快"智慧社区""智慧村庄""5G+智慧小城市"等重点项目建设,布局建设 5G、人工智能、云平台等新型智能基础设施。引导互联网平台企业与实体企业发展线上线下结合、跨界业务融合新模式,在医疗、社区、家政、教育、健康等领域发展一批大型生活服务平台,推动生活性服务业数字化、智慧化。

三、完善全域覆盖的服务体系

围绕把小城镇镇区打造成为区域服务中心的功能定位,系统推进镇域内交通路网、市政设施、快递物流、信息化等基础设施一体化规划、建设和管理,构建综合交通运输体系,以及城乡一体的供水管网、供气管网、污水处理管网、物流高效配送网络等公用设施网络体系。加快小城镇供水和排水设施升级改造,实现城乡供水同质同源同价和污水集中处理。完善小城镇供暖、供气、供电、通信、垃圾处理等基础设施,为小城镇发展提供基础支撑。优化镇村公交线路和公交车站点布局,加快构建镇域统筹的公共交通服务体系。优化乡村学校幼儿园网点布局,本着"就近捆绑、局部均衡、整体推进"的原则,建立城乡教育联合体,增强小城市教育服务能力。推进乡村医疗卫生服务体系基础和服务能力标准化建设,推动惠及便民的健康信息服务和智慧医疗服务。

第五节　山东省小城镇建设需要强化文化生态保护

小城镇建设离不开文化引领,要在传承历史文化中培育和彰显小镇精神,提升特色发展能力。同时,小城镇建设应坚持绿色发展理念,统筹协调好人的发展与经济发展、生态环境之间的关系,培育和扩大小镇生态优势,变绿水青山为金山银山,实现有风景的地方就有新经济,增强小城镇可持续发展水平。

一、聚力人文小镇建设

小城镇的竞争优势,越来越多地取决于"本土化、特色化"因素。山东省小城镇大多拥有某种或某些独特自然资源禀赋,关键是如何将这些特色资源巧妙"变现"而又不破坏资源原生态。要在挖掘历史底蕴的同时,注重现代小城镇或小城市精神提炼,以及小镇品牌的打造,增强小城镇由内向外的辐射力和由外向内的吸引力。强化镇区风貌一体化设计,将道路、边界、区域、节点、地标等元素有机结合,打造区域整体性风貌。研究制定镇区内每个街区地块的建筑控制图则、建筑元素与细节控制图则、风貌街道控制图则,推行建筑设计的区域全覆盖、要素全覆盖,统筹考虑区域功能、建筑布局、风格色彩、设施配套、市政服务、景观绿化等要素,构建小城镇品质空间和风格品位。创新小城镇公共开放空间设计模式,引入开放空间规模、人均占有面积、步行可达范围覆盖率、休闲活动半径、居民活动满意度、休闲活动容量等量化指标,针对不同人群需求、不同活动类型,科学分配小镇空间资源,切实提升镇区环境品质。

二、打造特色文化品牌

挖掘提升小城镇传统非物质文化遗产、红色文化、历史文化等,完善文化展馆、特色记忆传承设施建设,构建全面的历史文化保护体系,延续文脉肌理,借助现代信息技术,建立市、县层面的小城镇历史文化资源数据库,数字化、立体化展示历史文化,丰富文化品牌创建活动。持续推动"文化惠民"工程,建设群众文化大舞台,健全公共文化服务设施,加强镇村文化团队建设,拓展"互动型"文化服务模式,组织下乡演出时,拿出更多的时间和节目,让群众自己登台表演,由以往的"你演我看"变为"你我共演",让群众成为文化活动的主角。培育和建设地域特色浓厚的文化专业市场,扶持发展文创产业,结合人文古迹、村史馆、生态园、非遗文化等资源,高标准打造乡村旅游文化线路,促进文旅产业发展。

三、提升绿色低碳小镇建设品质

科学划定和严格实施小城镇生态保护红线,突出规划设计建设中的生态环保元素,完善提升生态绿岛和较大宽度生态林地建设,有效避免生态切割。推动绿色生态镇区建设,提升园林小镇建设品质,加快镇区街头公园建设、老旧公园改造,推广立体绿化、屋顶绿化,提高小城镇绿色空间比例,将小城镇建设融入自然山水之中。推进主要河流水环境质量提标升级,建设海绵型小城镇,加强湿地保护与修复,提升区域内各级各类湿地公园标准和质量。立足小城镇地域特色和生态文化,研究推出一批优质生态产品和公共服务,形成以湖、水、林、田、草、镇于一体的生态产品供给模式。持续开展小城镇生态环境治理,加快推行"农村能源革命",降低煤炭、石油等石化能源的使用比例,提高沼气、天然气、风能、太阳能、电能等清洁能源在小城镇的使用比例,助力低碳小镇建设。

四、降低小镇建设的资源环境成本

推进人口迁移的"包容性增长",提高迁入人口在小城市的生活质量和融入水平,避免"候鸟式"迁徙,提高资源利用效率。在小城镇建设各环节、全过程推广节能、节水、节地、节材,推进低效产业用地再开发,大幅降低城镇化进程中的资源消耗和"三废"排放,提高资源配置和土地利用效率。率先在各级重点镇、示范镇推行垃圾分类制度,实现垃圾减量化、资源化、无害化处理,完善分类投放、分类收集、分类运输、分类处理的高效处理系统。

五、补齐健康韧性小镇建设短板

将"健康城市""韧性城市"理念纳入山东省国土空间规划编制和实施。参照健康城市、韧性城市标准对小城镇开展健康体检,优先推进应急医疗卫生、应急物流、应急通信等应急设施体系建设,提高小城镇的承载能力和应对突发公共事件的韧性。合理划定战略留白用地,为小城镇应对突发公共事件留出建设应急防灾减灾设施的空间。践行邻里单元的理念,推动社区医院等基层公共服务设施均衡布局,并与小城镇常住人口的密度和空间分布相匹配,提高公共服务设施的服务效率和便利度。

第六节　山东省小城镇建设需要创新提级赋能机制

小城镇,特别是一些大镇、强镇,普遍面临着"小马拉大车"的问题。小城镇建设亟待在人、地、钱、技等关键要素配置上创新体制机制,加大强镇扩权范围、力度,深化"放管服"改革,为小城镇建设提级赋能,加快破解小城镇自身难以突破的制度束缚和发展制约。

一、深化权责对等的行政管理体制

一是推进强镇扩权。按照"能放则放、依法下放"的原则,以下放事权、扩大财权、改革人事权及强化用地指标保障为重点,将小城镇迫切需要且能够有效承接的经济社会管理权限、审批服务执法权限"应放尽放"。厘清县、镇职责边界,依法拟制小城镇扩权事项目录,理顺小城镇与上级政府的权责关系。

二是理顺财政体制。落实事权与支出责任相适应的一级财政体制,以制度化的方式保障小城镇发展所需的基本财力,对条件成熟的重点镇、小城市,试行"一级政府一级财政",实行土地出让金、基础设施配套费等扣除相关规费后全额返镇的机制,对于新增大型商贸企业,实行房地产税、城镇土地使用税、企业所得税地方留成部分全额返还。市、区(县)在完善小城镇财税管理体制的基础上,逐步加大专项转移支付,改善基层财力均衡度。

三是改革人事管理。赋予小城镇特别是重点镇、小城市对干部任免、调整、考核管理的建议权,设在小城镇的机构尽快实行属地管理;实行派驻体制的,派驻工作纳入小城镇考核范围,主要负责同志任免应听取小城镇党委意见。适度增加小城镇行政和事业编制,提高规划、设计、建设、管理等专业技术人员的比例,赋予小城镇在编制职数内统筹招聘管理和技术人员的权限。

二、健全高效规范的服务供给机制

一是完善城镇管理职能。着力改变过去"建设农村、管理农民"的方式,以建设城镇、管理市民的思路来建设小城镇,赋予其社会治安管理、公共卫生和环境保护管理、城市规划管理、交通管理、公共教育和公共文化管理、公用事业管理等城市管理职能,保障小城镇管理能力和城镇规模相匹配。

二是健全行政管理体制。横向推进"大部制"改革,纵向推进"扁平化"管理,加快实现"小政府、大服务"。理顺部门与部门之间的权力界限,最大限度地避免"监管时多头管理,问责时互相推诿"的局面。深化行政审批"一窗化"模式,推进便民服务事项部门内部无差异化一窗受理,全方位提供更加便捷的网上政务服务和代办、咨办、协办服务。推进社区、村(居)便民服务点布局和县(镇)公共资源交易中心建设,实施便民服务下沉一线,打通服务群众"最后一公里"。严格控制小城镇行政成本,避免重点镇、小城市培育走升格翻牌、大幅度增加管理人员的老路子,积极探索建立一套成本低、管理新、效率高的新型管理模式。

三、创新有序流动的要素配置机制

一是加大土地要素保障。超前、科学确定小城镇建设用地规模、耕地保有量和永久基本农田保护任务,留足发展空间。实行增量供给与存量挖潜相结合的供地、用地政策,新增建设用地计划指标向重点镇、小城市倾斜,并与吸纳常住人口数量挂钩;盘活存量建设用地100%留给小城镇,确保小城镇建设用地需要。推行"土地跟着项目走"制度,优化小城镇土地分配方式,鼓励推行"标准地"出让方式,推动项目"拿地即开工"。有效整合利用农村零星闲散土地资源,增减挂钩节余指标等优先用于小城镇建设。在符合国土空间规划、用途管制和依法取得的前提下,允许城镇居民投资乡村产业和租赁土地、住房,加快推进农村集体经营性建设用地入市。

二是加大金融要素保障。发挥财政资金的杠杆作用,以市或县为单位,吸引社会资本共同设立小城镇发展基金,化解小城镇建设融资难题。支持有条件的市(县)整合重点镇或小城市政府投资资源,给予镇级平台公司以市级或区(县)级平台功能,赋予国有资产经营收益权,开展政策性银行融资和专项债券额度申报,支持平台公司尽快做大做强。支持金融机构在小城镇设立分支机构,鼓励大型国企、民间资本参与小城镇建设发展,逐步形成财政资金引导、金融机构支持、民间资本参与的多元化投入格局。鼓励金融创新,延伸拓展农村产权抵押融资服务,推广农村承包土地经营权抵押贷款,率先探索宅基地使用权抵押贷款,扎实推进农村集体资产股权质押贷款试点,提高农户信贷能力。

三是加大人才要素保障。构建科学合理的人才培养和引进体系,加大"万名干部下基层""乡村振兴服务队""企业高质量发展服务队"等人才下乡的工作力度,支持小城镇通过招聘、选调以及在职培训等方式,吸引优秀人才投身小城镇建设,满足小城镇公共管理服务需求。鼓励政府机构、国有企业、科研院所、高等学校等选派优秀人才到小城镇挂职锻炼。建立专业人才上挂下派机制和引进机制,推行规划师、设计师驻镇服务制度,通过购买服务或志愿服务方式,遴选专业团队,陪伴小城市规划设计和之后的落地实施,协助整合、导入、运营发展资源,为小城市建设提供全过程技术支持。积极培育发展社会组织,建立政府向社会购买公共服务机制,让更多的社会力量和民间资本组织参与城市公共管理和基础设施建设。

四、完善共治共享的社会治理机制

社会治理是国家治理的重要方面,社会治理现代化是国家治理体系和治理能力现代化的题中应有之义。党的二十大报告就完善社会治理体系提出明确要求。山东省委十二届二次全会提出,加强和创新社会治理。坚持共建共治共享,推动社会治理重心向基层下移,提升社会治理效能。

一是强化精细治理和公众参与。推动小城镇管理服务与社区居民的日常生活需要精准对接,让人民群众在社区治理中有更多获得感。搭建社区居民自治平台,培养社区居民的城市意识和主人意识,建立共建共治共享的社会治理格局。完善社区网格化管理机制,科学划分社区网格单元,加强网格员配套,将城镇管理、公共服务、重大公共卫生安全统筹纳入网格化管理。加快完善自治、法治、德治、善治、智治、共治相结合的社会治理体系,加强社会公德、职业道德、家庭美德、个人品德和政治品德的"五德"建设,推进社区人文环境建设,增进居民邻里间情感交流,实现邻里之间守望相助、相互友爱。适应放管服与公共服务需求多元化趋势,积极培育调解协会、劳动关系协会、行会商会、社区服务、社会心理服务、法律援助类社会组织,通过购买服务发挥其在社会治理中的积极作用。

二是强化应急安全体系建设。要把保障公共安全作为底板性工程来抓。要牢固树立安全发展理念,从健全长效机制入手,从最突出的问题防起,严格落实安全生产责任制,织密全方位立体化的公共安全网。全面加强重点物品、重点行业、重点领域等安全监管措施,遏制重特大安全事故。健全小城镇应急管理体系,修订更新综合应急预案和专项应急预案,加大危化品、道路交通、消防、建筑施工等重点领域安全监管执法力度和工作频度,完善风险分级管控和隐患排查治理"两个体系"。从最基础的环节抓起,把基层一线作为公共安全的主战场,推动城乡公共安全监管执法和综合治理一体化,把好基层公共安全第一道关口。强化社区层面的应急宣传体系和宣传设施建设,提高社区应急宣传覆盖面。完善小城镇"智治"支撑能力建设,拓展"天网工程""雪亮工程"在交通管理、治安管理、环保整治、应急救援、公共服务、食品药品监管领域的深度应用,使之成为智慧小镇建设和为民服务的有力助手。

三是完善共建共享的社会治理机制。根据山东省加快社会治理工作、提升社会治理效能的要求,要加快完善党委领导、政府负责、群团助推、社会协同、公众参与的社会治理体制。完善网格化管理、精细化服务、信息化支撑的基层治理平台,加快全省"一站式"矛盾纠纷多元化解线上平台建设。发展壮大群防群治的力量,弘扬见义勇为的精神,完善奖励保障政策,让见义勇为成为新时代的社会新风尚。要构建党委领导体制。发挥城镇地区党委总揽全局、协调各方的领导作用,加强对社会治理工作的领导,及时研究解决社会治理重大问题。发挥党委政法委在平安建设中的牵头抓总、统筹协调、督办落实等作用,形成问题联治、工作联动、平安联创的格局。要发挥基层党组织战斗堡垒作用,构建区域统筹、条块协同、共建共享的基层党建工作新格局。构建政府负责体制。政府要全面正确履行职责,应该由政府管理的社会治理事务要管好、管到位。加强市场监管、质量监管、安全监管,完善基本公共服务体系。运用法治方式和现代科技加强源头治理、动态管理和应急处置,推进社会治理精细化。构建群团组织助推体制,构建社会组织协同体制。重点扶持发展城乡基层生活服务类、公益事业类、专业调处类、治保维稳类等社会组织,采取购买服务、定向委托等方式,发挥他们在社会治理中的重要作用。构建人民群众参与体制。推进基层直接民主制度化、规范化、程序化,依法保障群众知情权、参与权、表达权和监督权。加强流动人口、两新组织、网络空间的群众工作,构建基层党组织领导下的"群众自治圈""社会共治圈"。

参 考 文 献

[日]岸根卓郎:《迈向 21 世纪的国土规划:城乡融合系统设计》,高文琛译,科学出版社 1990 年版。

安虎森、吴浩波:《我国城乡结构调整和城市化关系研究》,《中国地质大学学报(社会科学版)》2013 年第 7 期。

蔡昉、都阳、杨开忠等:《新中国城镇化发展 70 年》,人民出版社 2019 年版。

蔡昉:《历史瞬间和特征化事实——中国特色城市化道路及其新内涵》,《国际经济评论》2018 年第 7 期。

蔡之兵、张可云:《大城市还是小城镇?——我国城镇化战略实施路径研究》,《天府新论》2015 年第 2 期。

曹广忠:《企业布局、产业集聚与小城镇发展——对山东、浙江四个小城镇的调查分析》,《农业经济问题》2003 年第 7 期。

曾湘泉、陈力闻、杨玉梅:《城镇化、产业结构与农村劳动力转移吸纳效率》,《中国人民大学学报》2013 年第 4 期。

陈丹、张越:《乡村振兴战略下城乡融合的逻辑、关键与路径》,《宏观经济管理》2019 年第 1 期。

陈前虎、司梦祺、潘兵:《浙江省小城镇特色成长的机制、障碍与路径——可持续发展的扩展模型及应用》,《经济地理》2019 年第 11 期。

陈小君:《〈土地管理法〉修法与新一轮土地改革》,《中国法律评论》2019 年第 5 期。

陈旭堂、彭兵:《乡村命运寄于社区内外——美国乡村变迁的启示》,《浙江学刊》2016 年第 3 期。

陈一静:《中国城镇化创新发展探究:特色小镇发展模式及机遇》,《天津行政学院学报》2018 年第 5 期。

仇保兴:《应对机遇与挑战——中国城市化战略研究主要问题与对策》,中国建筑工业出版社 2009 年版。

崔玮、潘月杰:《区域经济辐射理论与研究述评》,《特区经济》2009 年第 3 期。

杜乃涛:《论地方政府与我国小城镇建设》,《江西行政学院学报》2000 年第 2 期。

段禄峰、魏明:《大城市还是小城镇——我国城镇化道路再探讨》,《理论月刊》2017 年第 12 期。

郝演苏:《养老社区要成为小城镇建设的重要项目》,《经济》2013 年第 7 期。

奂平清:《小城镇依然是大问题吗?——费孝通城乡社会学理论自觉的启示》,《江苏社会科学》2016 年第 5 期。

黄璟、熊从见、雷海章:《构建中西部农业生态经济协调发展资金支持体系的研究》,《生态经济》2001 年第 8 期。

黄贤金:《论构建城乡统一的建设用地市场体系——兼论"同地、同权、同价、同责"的理论圈层特征》,《中国土地科学》2019 年第 8 期。

蒋省三、刘守英、李青:《土地制度改革与国民经济成长》,《管理世界》2007 年第 9 期。

蒋晓岚:《安徽小城镇建设投融资渠道及创新路径研究》,《安徽行政学院学报》2016 年第 1 期。

接玉梅、葛颜祥、胡继连:《小城镇建设与区域经济发展互动关系研究——以山东省为例》,《经济地理》2004 年第 3 期。

靳相木、王海燕、王永梅等:《宅基地"三权分置"的逻辑起点、政策要义及入法路径》,《中国土地科学》2019 年第 5 期。

靳相木:《集体与国有土地"同权同价"的科学内涵及其实现》,《农业经济问题》2017 年第 9 期。

康峰:《加大金融支持新型城镇化建设的力度》,《金融时报》2013 年 9 月 9 日。

孔繁利、刘颖:《欠发达地区发行地方政府债券的思考》,《工业技术经济》2008 年第 12 期。

孔祥云、王小龙:《加快农村城镇化建设应以发展小城镇为重点》,《农业经济》2013 年第 9 期。

孔祥智等:《缩小差距、城乡融合与共同富裕》,《南京农业大学学报(社会科学版)》2022 年第 1 期。

雷海泉:《购房补贴+先过奖励,中山特色小镇发布招才需求》,《南方报业》2018 年 8 月 14 日。

李兵弟、郭龙彪、徐素君等:《走新型城镇化道路,给小城镇十五年发展培育期》,《城市规划》2014 年第 3 期。

李培林:《小城镇依然是大问题》,《甘肃社会科学》2013 年第 3 期。

林坚、叶子君、杨红:《存量规划时代城镇低效用地再开发的思考》,《中国土地科学》2019 年第 9 期。

林茂超:《区域可持续发展的资金支持模式》,《科技创业月刊》2006 年第 8 期。

刘爱梅:《新型城镇化与城乡融合发展》,人民出版社 2021 年版。

刘海泉、刘婷:《山东特色小城镇建设的实践与探索》,《城乡建设》2019 年第 13 期。

刘培林等:《共同富裕的内涵、实现路径与测度方法》,《管理世界》2021 年第 8 期。

刘晓鹰、戴宾:《小城镇发展与土地资源配置》,中国三峡出版社 2003 年版。

刘新平、严金明、王庆日:《中国城镇低效用地再开发的现实困境与理性选择》,《中国土地科学》2015 年第 1 期。

刘泽佳、李明贤:《农村城镇化进程中金融支持研究》,《湖南农业科学》2012 年第 7 期。

陆铭:《大国大城》,上海人民出版社 2017 年版。

陆学艺、杨桂宏:《破除城乡二元结构体制是解决"三农"问题的根本途径》,《中国农业大学学报(社会科学版)》2013 年第 9 期。

罗必良等:《赋权、强能、包容:在相对贫困治理中增进农民幸福感》,《管理世界》2021 年第 10 期。

吕维娟:《一位外国学者眼中的中国城市化——约翰·弗里德曼〈中国城市变迁〉综述》,《城市规划》2006 年第 10 期。

马晓河:《城镇化是新时期中国经济增长的发动机》,《国家行政学院学报》2012 年第 4 期。

马晓玲、吴雪:《小城镇建设中政府投融资现状及改革建议》,《中国财政》2006 年第 7 期。

毛雁冰、原云轲:《绿色新型城镇化对经济增长影响的实证研究》,《上海大学学报》2019 年第 11 期。

倪鹏飞:《新型城镇化的基本模式、具体路径与推进对策》,《江海学刊》2013 年第 1 期。

潘劲、周云、吕予阳:《国外小城镇发展的经验对北京发展的借鉴意义》,《经济师》2011 年第 11 期。

彭斌、芦杨:《乡村振兴战略下就地城镇化发展路径析论》,《理论导刊》2019 年第 12 期。

钱鹏程:《小城镇建设的资金困境与出路——以浙江省小城市培育试点镇为例》,《城市观察》2015 年第 4 期。

钱振明:《城市化和城乡一体化相关理论与国际经验》,《苏州大学学报(哲学社会科学版)》2008 年第 5 期。

秦待见:《走中国特色城镇化道路要充分发挥小城镇的作用》,《中国特色社会主义研究》2008 年第 3 期。

求是杂志社经济部调研组:《诸城推进农村城镇化的创新实践》,《求是》2011 年第 1 期。

邵明昭:《我国小城镇与产业融合发展的问题与对策研究》,《甘肃理论学刊》2014 年第 4 期。

佘渝娟:《可持续建设视角下西南地区山地小城镇基础设施投资组合研究》,重庆大学博士学位论文,2018 年。

沈凌、田国强:《贫富差别、城市化与经济增长》,《经济研究》2009 年第 1 期。

谭明智:《严控与激励并存:土地增减挂钩的政策脉络及地方实施》,《中国社会科学》2014 年第 7 期。

万冲、侯效敏、刘凯:《打破财政困局的关键是发展政府债券市场》,《东岳论丛》2016 年第 11 期。

汪小宁:《关中地区小城镇的发展现状及其模式选择》,《西北人文科学评论》2011 年第 1 期。

汪小宁:《论全国小城镇发展的模式类型》,《宁夏社会科学》2004 年第 4 期。

汪增洋、张学良:《后工业化时期中国小城镇高质量发展的路径选择》,《中国工业经济》2019 年第 1 期。

王海峰:《对当前乡镇财政收支矛盾的思考》,《财会研究》2019 年第

34 期。

王丽丹:《新型城镇化融资的困境与筹集渠道分析》,《金融科技时代》2014 年第 7 期。

王晓兵:《贫困地区特色小镇建设融资困难与解决对策》,《昭通学院学报》2019 年第 4 期。

王晓玲、安春生:《我国新型城镇化发展的对策建议》,《宏观经济管理》2017 年第 6 期。

王勇、周兆坤:《小城镇建设的驱动战略与路径——以胶州市李哥庄镇为例》,《中共青岛市委党校·青岛行政学院学报》2015 年第 2 期。

王兆君、张占贞:《国外小城镇建设经验、教训对我国东部沿海地区村镇建设的启示》,《经济问题探索》2011 年第 11 期。

魏后凯、苑鹏、芦千文:《中国农业农村发展研究的历史演变与理论创新》,《改革》2020 年第 10 期。

吴磊:《基础设施 PPP 融资模式及其在小城镇的应用研究》,《财经界》2017 年第 20 期。

吴闫:《我国小城镇概念的争鸣与界定》,《小城镇建设》2014 年第 6 期。

吴有红:《构建可持续的城市建设投融资机制》,《中国发展观察》2020 年第 22 期。

肖芳、宋弢:《点睛之笔在"品牌" 海青特色小镇乡村振兴城乡融合之路》,《大众日报》2018 年 4 月 2 日。

徐晶:《解决小城镇发展资金的政策供给》,《商业研究》2005 年第 11 期。

颜银根:《论新经济地理学的理论脉络》,《中南财经政法大学学报》2013 年第 6 期。

杨传开、张凡、宁越敏:《山东省城镇化发展态势及其新型城镇化路径》,《经济地理》2015 年第 6 期。

杨烁、于涛方:《特大城市功能格局和集聚扩散研究:以北京为例》,《规划师》2018 年第 9 期。

张车伟、王德文:《农民收入问题性质的根本转变——分地区对农民收入结构和增长变化的考察》,《中国农村观察》2004 年第 1 期。

张立:《理想空间:No.86 镇村国土空间规划》,同济大学出版社 2021 年版。

张海霞、李天一:《黑龙江省农村城镇化发展的金融支持探析》,《金融理论与教学》2013 年第 4 期。

张鹏、杨青山、王晗:《基于城乡统筹的长吉一体化区域小城镇发展分化与模式研究》,《经济地理》2011 年第 4 期。

赵虎、李恺仑:《鲁西南地区边缘型小城镇规划策略研究——以曹县梁堤头镇总体规划为例》,《山东建筑大学学报》2019 年第 3 期。

赵鹏军、吕迪:《中国小城镇镇区土地利用结构特征》,《地理学报》2019 年第 5 期。

赵新平、周一星:《改革以来中国城市化道路及城市化理论研究述评》,《中国社会科学》2002 年第 2 期。

郑韬:《新型城镇化发展及其投融资方式创新》,《财经界(学术版)》2013 年第 12 期。

周黎安、陈烨:《中国农村税费改革的政策效果:基于双重差分模型的估计》,《管理世界》2005 年第 8 期。

朱守银:《中国农村城镇化进程中的改革问题研究》,《经济研究参考》2001 年第 6 期。

朱选功:《城市化与小城镇建设的利弊分析》,《理论导刊》2000 年第 4 期。

朱自安、张小雷、杜宏茹:《绿洲特色的新疆小城镇投资研究》,《干旱区资源与环境》2006 年第 2 期。

左停等:《精准扶贫:技术靶向、理论解析和现实挑战》,《贵州社会科学》2015 年第 8 期。

Berry Brian J L., *Urbanizationand Counterurbanization*, SagePublications, 1976.

Cater, M.R., Y.Yao, K.Deininger, *Land Rental Market under Risk: A Conceptual Model for China*, University of Wisconsin-Madison, 2002.

ChampionA G., "Counterurbanization in Britain", *Geographical Journal*, Vol.155, No.1, 1989, pp.52-59.

Davis L, North D., "Institutional Change and American Economic Growth: A First Step Towards a Theory of Institutional Innovation", *The Tasks of Economic History*, Vol.30, No.1, 1970, pp.131-149.

Donald A.Henderson., *Urbanization of Rural America*, Nova SciencePublisher, 1998.

Hudson, J.C., "Diffusion in a Central Place System", *Geographical Analysis* Vol.1.No.1, 2010, pp.45-58.

Lewis, A., "Economic Development with Unlimited Supplies of Labour", *The Manchester School of Economic and Social Studies*, Vol.22, No.2, 1954, pp.139-191.

Perroux, F., "Economic Space: Theory and Applications", *The Quarterly Journal of Economics*, Vol.64, No.1, 1950, pp.89-104.

Todaro M P, "A Model of Labor Migration and Urban Unemployment in Less Developed Countries", *American Economic Review*, Vol.59, No.1, 1969, pp.138-148.